AF537576

Ana Bilić

Die Begegnung
Susret

Lesebuch als Mini–Roman in kroatischer Sprache mit Vokabelteil

Sprachniveau: Perfektion Plus = C1

3. Ausgabe

Impressum

Text © 2017 Ana Bilić, Wien, Österreich

Umschlagsgestaltung © 2017 Danilo Wimmer, Wien, Österreich

3. Ausgabe 2024

Alle Rechte vorbehalten.

Das Werk, einschließlich seiner Teile, ist urheberrechtlich geschützt. Jede Verwertung ist ohne Zustimmung der Autorin unzulässig. Dies gilt insbesondere für die elektronische oder sonstige Vervielfältigung, Übersetzung, Verbreitung und öffentliche Zugänglichmachung.

www.kroatisch-leicht.com

Herstellung und Druck über tolino media GmbH & Co. KG, Albrechtstr. 14, 80636 München. Printed in Germany. Fragen zu Produktsicherheit an: gpsr@tolino.media.

VORWORT

Die Begegnung / Susret – aus der Serie *Kroatisch leicht* ist ein Lesebuch in Form eines Mini–Romans und ist für Kroatischlernende vorgesehen.

	Level 0	Leichter Anfang	bis 400 Wörter
	Level 1	Beginner	bis 800 Wörter
	Level 2	Fortgeschrittene	bis 1200 Wörter
	Level 3	Erfahrene	bis 1700 Wörter
	Level 4	Perfektion	bis 2200 Wörter
✔	**Level 5**	**Perfektion Plus**	**bis 2800 Wörter**
	Level 6	Erstsprache	bis 3500 Wörter
	Level 7	Standardliteratur	ohne Vokabelteil

Kroatisch leicht ist eine Buchserie zum Kroatisch lesen und eine wichtige Lektüre zur Erweiterung der Vokabel und zur Festigung der Sprachkenntnisse. Die Bücher als Mini–Romane sind mit Themen, Grammatik und Grundvokabeln in sieben Stufen des Kroatischlernens aufgeteilt: Leichter Anfang, Beginner, Fortgeschrittene, Erfahrene, Perfektion, Perfektion

Plus und Erstsprache. Damit der/die Lernende sich zu einer oder anderen Gruppe richtig einteilen kann, dafür dient folgende **Orientierungshilfe**:

Leichter Anfang – Lernende, die sich von der Grammatik her mit dem Präsens auskennen.

Beginner – Lernende, die sich von der Grammatik her mit Präsens aktiv und mit Futur I und Perfekt passiv auskennen.

Fortgeschrittene – Lernende, die von der Grammatik her Präsens, Futur I und Perfekt aktiv verwenden.

Erfahrene – Lernende, die von der Grammatik her Präsens, Futur I und Perfekt aktiv verwenden und sich mit Verbalaspekten passiv auskennen.

Perfektion – Lernende, die von der Grammatik her Präsens, Futur, Perfekt und Verbalaspekte aktiv verwenden.

Perfektion Plus – Lernende, die von der Grammatik her Präsens, Futur, Perfekt und Verbalaspekte aktiv verwenden, sowie Phrasen und umgangssprachliche Ausdrücke passiv kennen.

Erstsprache – Lernende, die von der Grammatik her Präsens, Futur, Perfekt, Verbalaspekte, sowie Phrasen und umgangssprachliche Ausdrücke aktiv verwenden.

Mehr Infos über weitere Mini Romane findet man im Internet unter: www.kroatisch-leicht.com

Ein paar Tipps zum leichteren Lesen

1. Subjekt ausgelassen – Verb beachten

In einem Satz soll man immer das Verb und seine Endung beachten, weil das Subjekt oft ausgelassen wird. Das ist sehr wichtig, weil es Wörter gibt, die wie ein Subjekt aussehen, sind es aber nicht. Das ist der Fall bei den Wörtern „mi" und „ti". „Mi" bedeutet neben „wir" auch „mir", und „ti" bedeutet neben „du" auch „dir". Also in einem Satz zuerst das Verb finden und durch seine Endung die Person erkennen:
Mo**žeš** *mi* dati knjigu? – **Kannst** du *mir* das Buch geben/reichen?
Šal**jemo** *ti* pismo. – **Wir** schicken *dir* den Brief.

2. Vokabelliste/Wörterbuch gleich aufschlagen oder doch nicht?

Das ist die Frage, ob man den Text als Information liest oder ob man die darin enthaltenen Vokabel auch lernen will. Falls man den Text als Information lesen will, sollte man nicht gleich nach Hilfe im Wörterbuch suchen: In jedem Satz kennt man sicher einige Wörter und den Rest sollte man aus dem Kontext erkennen. Auch wenn dann der Satz unverständlich bleibt, sollte man noch einen weiteren Satz lesen, damit man aus einem breiteren Kontext den Sinn erkennen kann. Wenn das nicht funktioniert, dann das

Wörterbuch benutzen. Falls man den Text liest, um Vokabel zu lernen, dann sollte man auch neue Wörter nachschlagen, damit man keine falschen Bedeutungen der Wörter lernt.

3. Braucht man eigentlich Eigenschaftswörter?

Um die grobe Handlung zu verstehen, braucht man Eigenschaftswörter erst an der zweiten Stelle. Um den Text richtig zu verstehen und es zu genießen, braucht man Eigenschaftswörter unbedingt.

4. Wörter mit zwei Bedeutungen

Solche Wörter mögen bei dem/der Lesenden Unruhe stiften. Wie zum Biespiel:
„i" – und; auch
I ja želim čitati knjigu. – (*wörtlich*) Auch ich will das Buch lesen.
„trebati" – sollen; brauchen
„vrijeme" – Wetter; Zeit
„se" – sich; man
usw.
Es ist nützlich, sich solche Wörter zu notieren, damit man nicht immer wieder in Verwirrung gerät.

INHALT - SADRŽAJ

Proljeće je u Zagrebu. Da, proljeće je konačno došlo nakon duge hladne zime. I kao i svakog proljeća u Zagrebu tramvaji su prepuni, prolaznici u žurbi, trgovci nestrpljivi, omladina nervozna, vozači bezobrazni. Pravi kaos. Ali sunce ipak sja. Sunce ugodno sja jer se probudilo nakon zimskog odmora i dijeli svakom svoje bogatstvo u toplini i u svjetlosti. Sunce osjeća novi život u Zagrebu. I ono se, kao svako proljeće i kao svi ljudi u proljeće, nada da će taj proljetni kaos ubrzo proći, da će ljudi zastati i razmisliti zašto su nervozni, u stalnom stresu i zašto kao luđaci ponekad ne znaju što pričaju. Da, sunce je prijatelj ljudi. Ono je još malo sramežljivo i još se nije u potpunosti snašlo s novim proljećem, ali ipak je postojano. Naravno Zagrepčani ne primjećuju da je sunce tu, za njih. Za njih to se podrazumijeva. Oni imaju svoje brige, svoje misli u glavi, svoje probleme i svoje zanimacije.

Ali nemojte misliti da nema ugodnih slika i situacija u histeričnom Zagrebu u proljeće. Ne, nije sve kaos. Ima ne samo ugodnih slika i situacija nego ima čak i smiješnih situacija koje nam život čine vrijednim življenja. Pogledajmo, na primjer, dječja igrališta. Da, tamo se djeca radosno i opušteno igraju kao sva djeca na svijetu. Ili na primjer škole.

Školska djeca sjede u školi i pod velikim odmorom su posebno vesela. Veliki odmor traje petnaest minuta i ako škola ima dvorište, onda je pravi užitak gledati djecu na velikom odmoru. Ugodna vika i cika, radost, trčanje i pričanje. Ako pogledamo parkove, možemo i za njih reći da je proljeće vrijeme lijepih prizora u parkovima. Penzioneri šetaju po parkovima, zastaju, gledaju kako je drveće prolistalo, komentiraju i nastavljaju šetnju. Sve je usporeno, sve je jednostavno, sve je lijepo u njihovim očima. Život je za njih božji dar, i kad se taj život u proljeće budi, pupa, razvija i raste, to je za njih prizor koji neizrecivo obogaćuje njihov usporen i polagan život. Postoje naravno i drugi penzioneri. Oni koji su agilni i puni energije. Oni dolaze u park jer izvode unuke ili pse u šetnju.

Kao na primjer Edit.

Gospođa Edit je baš takva penzionerka: puna energije i s točno određenim planom dana. I njezin dnevni plan joj nalaže da svaki dan vodi u šetnju svog psa Brisku. Ona vodi Brisku na Tuškanac. Tuškanac je vrlo lijepi park u samom centru Zagreba, odijeljen od bučnog centra grada samo kratkim Dežmanovim prolazom. Tko poznaje Zagreb, taj će svakom došljaku preporučiti da ode u Tuškanac. Kako bi rođeni Zagrepčani rekli "možeš pljunuti i već si tamo". Tuškanac je mir u pravom smislu riječi i u njegovom miru i tišini se može uživati kao da je on na drugoj planeti.

Tako je, dakle, i danas: Edit je izvela svoju Brisku u šetnju. Briska je poseban pas. Poseban naravno za gospođu Edit. No svaki pas je poseban za svog vlasnika. Kod Briske je to još posebnije. Briska je naime rasni pas, dalmatiner s pedigreom. I zato Edit posebno pazi na Brisku. Briska ima poseban tretman i Edit je naravno posebno osjetljiva na Brisku.

Edit i Briska su se povukle u dio parka koji nije posebno posjećen. Zašto, za to ima razlog, ali o tome ćemo malo poslije. Uglavnom, Edit je sjedila na klupi i gledala Brisku kako se igra na livadi ispred nje.

Briska je mladi pas. I svaki mladi pas sličan je djetetu. Briska je znatiželjna, vesela, razigrana, puna snage. I kao svako dijete ona je lakomislena i zaigrana. Što brižnu Edit ponekad smeta. Onako smeta kako bi nepromišljenost djeteta smetala svakog roditelja. Edit je dakle povremeno morala ustati s klupe i viknuti u pravcu Briske:

- Briska! Vrati se! Briska, ne idi tamo! Ne vidim te ... Tako je. Ostani tu da te vidim ...

Edit je zatim sjela na klupu i dalje promatrala Brisku, a onda – ni par minuta nakon toga – Edit je opet ustala:

- Fuj! Fuj to! Ne!... Pusti to! ... Hajde, budi dobra djevojčica ... Ne diraj taj drek!... Da ... Pusti to ...Tako je ... Da ... To je sve zmazano! ... Buš bila opet zmazana k´o pajcek ... Da! Tako je! Dobra Briskica, dobra curica ... Da, istrči se dobro. Zato smo tu ...

Edit je opet sjela na klupu, uživala u suncu i gledala Brisku. Ali, naravno, i pas ima svojih želja, a one nisu uvijek iste kao i želje njezine vlasnice.

- Briska!!! Rekla sam ti da to ostaviš!!! ... Zašto me ne slušaš? Hajde, ostavi to! ... Nemoj ići tamo ... Briska, zašto ti moram sve reći dva puta?! Nemoj biti tako bezobrazna! ... Briska! ... To može, to smiješ ... A to ne! ... Ne, to ne! ... Nemoj ići tamo!!! ... I ne diraj to više! ... Da ...

I nakon takvih savjeta svako normalno stvorenje na ovom svijetu bi iz puste zlovolje moralo ostaviti to čime se upravo zabavljalo i moralo bi pronaći novu zabavu. Rođeni Zagrepčani bi na to rekli „pametniji popušta". I Briska bi to učinila da je čovjek. Ali nije. Valjanje po zemlji, guranje njuške u mokru travu kao i trčanje po okolnom šipražju je očito za Briskicu posebno izazovno i interesantno.

I Edit je opet ustala i morala reagirati:

- Daj, Briska, prestani ići tamo ... Vrati se ... Vrati se! ... I ostani tu na livadi da te bolje vidim ... Tako ...

Edit je sjela iznova na klupu i tiho je komentirala za sebe:

- Ah, Briska, s tobom samo problemi ...

Ako sada načas ostavimo Edit i Brisku na miru i bacimo pogled okolo po livadi, vidjet ćemo još nešto. Točnije rečeno još nekoga. S druge strane livade je upravo dolazio mladi muškarac. Ne posebno mlad, moram reći. Ima oko četrdesetak godina i uz njega je i njegov pas. Odmah ću vam odati o kome se radi: njegovo ime je Haris, a njegov pas se zove Walter. Walter je pas mješanac i izgleda kao da ga je njegov vlasnik prisilio da hoda: Walter je spor, gleda dosadno po prirodi, jedva da stavlja nogu pred nogu. Kad bi Walter govorio, sigurno bi psovao Harisa što ga ovaj prisiljava na šetnje koje očito nemaju neku dublju svrhu osim da bude mučen.

Uglavnom, par koji dolazi je neobičan: Haris nosi kameru u ruci i da bismo saznali zašto Haris nosi kameru, moramo se još malo približiti Harisu i poslušati što on govori Walteru.

- ... Walter! Šta sada? ... Zašto si legao? ... Nemoj, ba, ležati! ... Hajde! Trči! ... Pokreni se i ponašaj se kao normalan ker ... Ne mogu te snimati kada tako lijeno ležiš ... Trči!... Tako ... Walter! Šta ti je sada? ... Vrati se! Kuda, ba, sada ideš? ... Ne tamo ... Zašto si opet legao? ... Ustani i trči! ... Ovo je za film, trebaš biti ozbiljan ...

Vi se sigurno pitate zašto Haris snima Waltera. Ili zašto se Harisov pas zove Walter. Možda se pitate i zašto se Haris zove Haris. Ili kamo ide ovaj svijet. Ali na to sve vam ne mogu odgovoriti. Ja ću vam dati samo par natuknica o našim pridošlicama. Dakle: Haris dolazi iz Bosne, iz jednog malog sela u Bosni, a njegov pas se zove Walter, ali ne zato što je to popularno ime u Bosni nego zato što je Walter dobio ime prema kultnom filmu iz 70-tih, a koji se zvao «Valter brani Sarajevo». To je bio vrlo popularni film o partizanima i obrani Sarajeva i Harisov otac je psu dao ime «Valter» jer Haris nije imao ideju kako da ga nazove. Potpuno mlade generacije ne poznaju film «Valter brani Sarajevo», ali ne zato što nisu za ništa zainteresirane nego zato što one ne poznaju stare filmove i stare serije. Zašto ja to sve pričam? Zbog pravopisa. Ja si dozvoljavam slobodu da pišem ime «Valter» prema izvornom imenu, dakle «Walter», a ne prema kultnom filmu iz 70-tih. Doba 70-tih je odavno prošla, puno se toga promijenilo. Tako danas pravopisno imamo veću slobodu: zato ovdje stoji «Walter», a ne «Valter». To nije bila namjera Harisovog oca, ali sloboda je sloboda.

No, vratimo se našoj slici. Jer promjena koja sada slijedi u slici mora se ispričati kao usporeni snimak. Ona se naime dogodila u dvadesetak sekundi i imala je veliki utjecaj na živote naših protagonista.

Edit je, dakle, u međuvremenu spazila da joj se približavao Haris i njegov pas i kad ih je spazila na svom radaru, ukočila se na sekundu kao što se lovački pas ukoči kad spazi lovinu. Kratko je promatrala ponašanje pridošlica, a onda je u hipu ustala i proderala se preko cijele livade:

- Hej! Je li to vaš pas?

Haris nije bio baš siguran da li žena na klupi njemu govori ili se obraća svom psu na livadi i zato nije ništa odgovorio.

Zato je Edit viknula još jače:

- Hej! Vi, tamo! Je li to vaš pas?

Sada je Haris pogledao u njezinom pravcu, kratko zastao, a onda se uputio ka Edit. Na to je Edit odmah reagirala:

- Stanite! Ni korak dalje!

Haris je nesigurno zastao:

- ... Šta?

- Maknite se odavde! – slijedila je daljnja zapovijed.

Haris je bio još više iznenađen:

- ... Molim?

- Maknite vašeg psa s ove livade! Moj rasni pas se tjera i može doći do neugodnosti! ... Nađite si neku drugu livadu!

Haris je bio zbunjen:

- ... Moj pas ne radi nikakve neugodnosti.

Edit je bila ljuta:

- Vaš pas ne smije biti ovdje! ... Vidite tablu «Zabranjeno za pse»? Ha? ... Ja sam dovela Brisku na ovu livadu samo zato da je držim dalje od drugih pasa. Maknite se odavde! Smjesta!

- Je li ovo vaš Tuškanac? – Haris je bio uvrijeđen.

- Molim? ... Kako? ... Što vi radite ovdje? Ha? Zašto niste na poslu? Kakav je to način?

- Zašto vi niste na poslu? – uzvratio je Haris istom mjerom.

- Tako mladi, a ne radite!

Za to vrijeme Haris se već približio Edit na normalnu razdaljinu. Normalnu toliko da se više nitko nije trebao dernjati.

- Vi ste tako mladi a ne radite! – uzvratio je Haris opet.

- Ja nisam mlada! – odgovorila je ljutito Edit. – Ja imam šezdeset osam godina!

- To se uopće ne vidi! – uzvratio je Haris ljutito.

- To se jako vidi! ... Maknite se odavde! ... `Ajde, briši odavde! ...

- Briši?! ...

- Da, briši ...

- Ma, briši ti! ... – uzvratio je Haris grubo.

- Maknite se!

- Vi se maknite!

Sada moramo nakratko prekinuti scenu i baciti pogled unazad da bismo vidjeli što su za to vrijeme radili Briska i Walter.

Kad je naime počelo dovikivanje između Harisa i Edit, Walter je lijeno pogledao Harisa i začudio se zašto se ovaj iznenada i bez razloga tako dere. Walter je slijedio Harisov pogled i vidio neku stariju ženu koja se isto tako derala kao njegov gospodar. Ali onda - onda je Walter ugledao nešto što ga je prikovalo na mjestu: vidio je Brisku! Vidio je najljepšeg psa u svom životu! Kad bi Walter bio čovjek, sad bi se sigurno rasplakao od ganuća i ljubavnog uznosa. Jer to je bila ljubav na prvi pogled. Jer, ah, ništa na svijetu nije jače od ljubavi i ljubavnog zanosa ...

S druge strane Briska nije ništa od toga primijetila. Ona je i dalje skakutala okolo i nije obraćala pažnju na svijet oko sebe. Jer za nju je svijet ionako bio samo Edit koja se ionako stalno zbog nečega ljutila i nešto stalno pričala sama sa sobom. Briska nije vidjela Walterov očaran pogled i njegovu iznenadnu promjenu u tijelu. Jer sad je Walter odjednom dobio nevjerojatno veliku snagu i polet, pomladio se za deset godina i krenuo direktno ka Briski lakog i brzog koraka. No da, ne baš lakog koraka jer se na pola puta sapleo na granu koja je ležala na livadi i zanio se tako da je morao zateturati. Nije doduše pao, ali je izgledao prilično nezgrapno. Zbog toga mu je u času bilo neugodno, jer na kraju krajeva on je ipak htio ostaviti dobar prvi dojam pred najljepšim psom na svijetu. Srećom, Briska to nije primijetila jer je bila zabavljena kopanjem po zemlji. Njezina ignorancija je Walteru vratila samopouzdanje i on je doskakutao do Briske kao besprijekoran momak.

Kad ga je Briska vidjela, i nju je preplavio osjećaj pripadnosti i ljubavi prema tom nepoznatom momku i bez puno riječi i objašnjenja oni su se predali fizičkom obliku njihove naklonosti. Što ja time želim reći, to je Edit sažela u jasnoj rečenici:

- Taj vaš džukac se popeo na moju Brisku!!! Taj vaš pas mješanac se popeo na mojeg rasnog psa!!!

Haris je pogledao prema psima i dobio je potvrdu onoga što je žena upravo tako grubo izrekla: Walter i Briskica su vodili ljubav.

Edit je van sebe:

- Recite mu da prestane s time!!! Odmah! ... Briska! Bježi! Ti ne smiješ s takvim! ... On je fuj! ... Briska! Dođi mami! ...

Haris se počešao iza uha:

- Hm, vraški momak, tko bi rekao da je on u stanju da... – čudio se Haris. – ... Inače je lijen, voli samo jesti i spavati ...

- Razdvojite pse! – naredila je Edit.

- Razdvojite vi pse! – odgovorio je Haris.

- Ja ... ja ... ja ne mogu ... i ne znam ... Napravite nešto!

- Šta da napravim? Njoj se sviđa što joj Walter radi ... Ah, bože, kako neobično ...

- Šta je tu neobično?! On napada moju djevojčicu!

- Napada? – uzvratio je začuđeno Haris. – Ne znam baš

da li je to napadanje. Ona uživa u tome što joj Walter radi ... Ona se sama tako postavila. Moj Walter je nije prislio na to ...

Edit je bila bijesna:

- Briska je rasni dalmatiner! On se smije pariti samo s rasnim psima!

- Pa oni se samo zabavljaju. Što je loše u tome? ... Jeste da je to na javnom mjestu i oni se ne brinu da li ih ko gleda, ali tako je to s kerovima ...

- Ona će biti skotna!

- E onda ste je trebali držati na uzici! – spremno je odgovorio Haris.

- I što ću napraviti sa takvom štenadi? Takva štenad je bezvrijedna!

Haris je sada pogledao Edit:

- Kako božje biće može biti bezvrijedno?

Edit je pogledala Harisa kao da je on zadnja budala na svijetu:

- U trgovini pasa! Rasno štene mora imati rasne roditelje! Ne mješance! ...

Haris je podigao obrve i rekao s dozom posprdnosti:

- Drugi put se vaš rasni pas treba pariti s drugim rasnim psom.

Ta žaoka je ubola Edit baš tamo gdje nije trebala i Edit je sada izgubila živce:

- Vi mi nećete reći s kim će se pariti moja Briska, jasno?! Zbog tog bezobrazluka ćete mi platiti! Znate! Ja zahtijevam od vas odštetu! ... Da, odštetu! Briska je uvijek imala šest štenadi – ja zahtijevam od vas odštetu u vrijednosti od šest rasnih štenadi!

Haris je pogledao Edit kao da je ova skrenula s uma:

- ... Molim?

- Želim odštetu!

- Kakvu odštetu?

- Za šest štenadi! Odštetu za njezin okot! On neće biti rasan i zato mi morate platiti štetu!

Haris je bio šokiran zahtjevom:

- ... Ne mislite to valjda ozbiljno?

Edit je uzbuđeno odgovorila:

- O da! Ja mislim najozbiljnije! U to budite sigurni! Ima da mi platite odštetu! Ja imam advokata i on može moj zahtjev postaviti pred sudom jako ozbiljno ...

Edit je izvadila vizitkarticu iz svoje torbice koju je nosila obješenu oko pojasa:

- Ovo je moja vizitkartica. Dajte mi vašu!

Haris je sada opet bio priseban nakon što je probavio cijelu nadrealnu scenu i naravno da mu nije palo na pamet da svoje podatke dade osobi koja slaže tako sulude rečenice, zahtjeve i naredbe. On je samo cinično kimnuo glavom:

- Da, da, naravno ... Walter! ... Idemo! ... Hajde! Kući! ...

Onda se Haris opet kratko obratio Edit:

- I da znate – vi ste krivi – vaš pas se tjera, ne moj. Da se vaša Briska ne tjera, moj Walter ne bi skočio na nju!

To je opet uzbudilo Edit:

- Ja sam Brisku cijelo vrijeme držala na oku i ja sam vas upozorila! ... Ali vi niste pazili na vašeg pas! Da, vi niste pazili na svog psa! ... Budite sigurni: platit ćete za to!

Haris je ljutito uzvratio:

- Trebam li ja paziti na kojoj se livadi nalazi VAŠ pas?

Edit je također bila ljuta:

- Da! Moj pas je vrijedan, vaš nije!

Haris je pogledao Edit s visine i odbrusio:

- Ah, koja glupača! ... Walter! ... Idemo ... Hajde, dođi! ... Walter! Šta je sada?! ... Baš sada moraš pišati? Ha? Ne možeš to poslije? ... `Ajde, idemo! ...

Ali Edit je odlučila da djeluje efikasno i da ne dozvoli Harisu da tek tako napusti livadu i da izbjegne plaćanje štete koja je sad, nakon što su psi priveli svoj ljubavni čin kraju, definitivna i neporeciva. Slijedila je njezina munjevita akcija: ona je u skoku bila kod Harisa i prije no što se Haris uspio snaći, otela mu je kameru iz ruke.

Haris je bio potpuno zatečen takvom akcijom:

- ... Hej! ... Vratite mi moju kameru!

Ali Edit je imala jednostavnu računicu:

- Dajte mi vašu vizitkarticu!

- Vratite mi moju kameru! ... Zašto ste mi ukrali moju kameru?!

- Dajte mi vaše podatke! – ponovila je Edit.

- Vratite mi kameru! To je moja kamera!

- Ne prije nego dobijem vaše podatke! ...

Haris je odlučio da sam stupi u akciju jer nije mogao

dozvoliti takvu ucjenu – ni kao čovjek, ni kao muškarac, ni kao vlasnik kamere. On je krenuo prema Edit:

- Ako mi ne date kameru, zažalit ćete ...

Edit je shvatila da Haris to misli ozbiljno i nije ostala mirna. U hipu je pobjegla iza klupe:

- Ma nemoj mi reći.

Haris je slijedio Edit iza klupe, ali Edit ga nije čekala nego je počela trčati oko klupe. Čvrsto je držala kameru i njezina odluka da zadrži kameru kao sredstvo ucjene je sada prerasla u prkos i inat. No ni Haris više nije bio napola svoje odluke. On je sada itekako želio nazad svoje vlasništvo. I tako je njihova jurnjava oko klupe dobila interesantan ritam. Haris s jedne strane, Edit s druge strane, klupa između njih. Prvo u jednom pravcu, a onda u drugom pri čemu Haris je odlučivao o promjeni pravca jurnjave. Takva igra se među djecom inače zove «lovice» - jedan bježi, a drugi ga hvata. To je vesela igra i djeca tako na bezazlen način razvijaju svoje mišiće i daju oduška svojoj radosti. U našem slučaju moramo reći da je Edit u prednosti. Ona je okretna, brza i energična. Iako ima šezdeset osam godina, to kao da nije uticalo na njezinu kondiciju. Može biti i zato što se ona svaki dan bavi dva sata jogom, što je disciplinirana u svojoj prehrani i što na kraju krajeva svaki dan izlazi s Briskicom u duge šetnje. Kako bi se reklo «u zdravom tijelu, zdrav duh». Što znači da čovjek ima zdravo tijelo ako ima i zdravi stav prema tijelu. Takvo objašnjenje Haris sigurno ne bi mogao prihvatiti jer on, bar što se tiče ove situacije, nije mogao prihvatiti da Edit ima zdrav duh nego da svakako nije normalna. Ali da ima dobru kondiciju, to je on, htio ne htio, morao prihvatiti.

I tako je nakon nekog vremena Haris ostao bez daha. Zaustavio se i pokušavao je doći k sebi:

- ... Kako dugo trebamo još trčati?

Sada je Edit došla na svoje:

- Ovo može potrajati još jako dugo što se mene tiče. Dajte mi vaše podatke.

- Vratite mi moju kameru ... – rekao je Haris umorno.

Edit je sada zastala i razmišljala što da napravi. Imati Harisove podatke bilo joj je puno važnije nego kamera.

I taj trenutak neodlučnosti iskoristio je Haris. On ju je u času odsutnosti uhvatio za ruku:

- Ha, imam vas! ...

Ali ni Edit se nije dala: ona je izvukla ruku iz njegovog stiska spretno kao mačka. I već u sljedećem momentu je bila na klupi i počela je vikati:

- U pomoć! ... Siluje me! U pomoć! ...

Haris je zaprepašteno gledao Edit:

- ... Jeste vi normalni?!

- Dajte mi vaše podatke!

- Siđite s klupe!

- Dajte mi podatke!

- Siđite!

- Podatke!

- Ja dolazim gore!

- Policija!

- To je moja kamera!

- Više nije!

- To je krađa!

- To je silovanje!

- Nije!

- Policija!

- Dolazim gore!

- U pomoć!

- Jeste vi normalni?

- Dajte mi podatke!

- Neću!

- Hoćete!

- Neću!

- Policija!

- Kako možete?!

- Podatke!

- Prestanite!

Harisu je prekipjelo i bilo mu je dosta takvog natezanja. On se htio popeti na klupu, ali Edit se već ubacila u drugi brzinu i počela je vikati:

- Hoće mi ukrasti kameru!!! Lopov!!! Hoće mi ukrasti moju kameru!!!

- ... Šta?! Kako možete tako lagati?! Vi niste normalni! ...

- Podatke!

- Vratite mi kameru!

- Policija! Lopov! Kradljivac!

- Vi, luda ženo! ... Prestanite! ... Ne radim vam ništa! ...

Vi ste me okrali! ... Kakav ste vi to čovjek!? ... Luđakinjo!

- Dajte mi vaše podatke!

Haris je kratko razmišljao i onda zaključio da ipak mora kapitulirati.

Duboko je uzdahnuo i onda poražen sjeo na klupu. No Edit je mislila da je to opet neka njegova nova taktika i bez puno razmišljanja šutnula ga je nogom.

- Hej! ... Prestani!

Haris je ustao s klupe i s mržnjom je gledao Edit.

Edit je opet dala svoj jasan odgovor:

- Podatke!

Haris se okrenuo prema livadi kao da je tražio pomoć od Waltera. Walter ga je uostalom i doveo u ovu totalno glupu i bezveznu situaciju. No Walter je bio i dalje zabavljen samo Briskom. Nakon ljubavnog akta njih dvoje su se sada predali zajedničkom njuškanju po livadi i povremenom međusobnom trljanju tijela – a što bi se moglo u ljudskom jeziku prevesti s maženjem nakon ljubavnog akta.

Haris se okrenuo Edit koja je i dalje stajala na klupi i pobjedonosno držala kameru kao trofej.

- Podatke! – verbalno je dovršila Edit svoju pozu.

Haris je još jednom duboko uzdahnuo i onda je finalizirao svoj zaključak: da, ipak mora priznati poraz.

Izvadio je novčanik i iz njega svoju vizitkarticu:

- No dobro ... Ovo je moja vizitkartica ... Vratite mi sada moju kameru.

No Edit nije sišla s klupe i nije mu vratila kameru. Uzela

je Harisovu vizitkarticu i rekla:

- Prvo da vidim kakva je to kartica ... «Superiška – povoljni građevinski radovi» ... Direktor: Haris Begović ...

Edit je sada pogledala Harisa:

- „Superiška"? ... „Superiška"? ... Vi mislite da sam ja budala?

- Dobro, to je tipični zagrebački izraz, to znam, ali tako sam bolje integriran u tržište ovdje.

- Integriran?

Edit je kratko pogledala Harisa, a onda je izvadila svoj mobitel i rekla Harisu:

- Sad ćemo vidjeti ...

Utipkala je broj na mobitelu i onda je rekla:

- ... Policija? ... Ovdje gospođa Damjanović-Vrgadski ... Nalazim se na Tuškancu, na Dubravkinom putu, oko 500 metara od restorana «Dubravkin put», odmah na livadi lijevo, malo je uvučena u šumu, ali vidi se s puta dosta dobro ... Da, imam veliki problem. Moj rasni pas se pario bez moje dozvole i trebam pomoć ... Da, tako je ... Naravno da mi možete pomoći! Zato vas i zovem! ... Molim vas da pošaljete nekoga da sastavi zapisnik da bih mogla tužiti vlasnika psa na sudu ... Zato što je moj pas, moja Briskica, sada skotna a ne smije biti ... Zato što se ona smije pariti samo s rasnim psima, a sada je došao tu nekakav koji se navodno zove Haris Begović i dozvolio je da njegov pas mješanac napadne mojeg psa i da ga prisili da se s njim pari! ... Ne, nitko nije povrijeđen, ali taj Haris Begović mi prijcti nasiljem ...

Haris je sada počeo vikati u pravcu mobitela:

- Laže! Ona je ukrala moju kameru! ...

Edit je to interpretirala naravno drugačije:

- Čujete kako me napada? Jeste čuli? ... Dođite odmah! ... Kako to mislite: čim je moguće?! ... Što to znači? ... Mene ne interesira tko kad može, ja želim da netko odmah dođe! ... Da, odmah ... Sigurno? ... Da, molim ... Hvala ... Ja se doduše ne nalazim u opasnosti, mislim ne ovog momenta, ali jeste ga čuli? Ha? ... Ne, neću ići kući s psom ... Ja trebam dokaze za sud ... Izvolite doći ... Da ... Držim vas za riječ ... Doviđenja ...

Haris je odmah odgovorio:

- Policija može doći, ali to je moja kamera!

- Više neće biti kad ću vas tužiti.

Haris je sada počeo psovati tiho i nerazgovjetno, napravio je par koraka ispred klupe, a onda je rekao:

- ... Koliko želite? ... Ne mogu vjerovati da to pitam! Odšteta za seks s Walterom!

Edit je spremno odgovorila:

- Ja zahtijevam odštetu u vrijednosti od šest rasnih štenadi!

- I koliko je to?

Edit je računala naglas i brzo:

- Jedno štene rasnog dalmatinera košta između 350 i 650 eura na tržištu. Prosječno 400 eura, dakle puta 6 je ... 2.400 eura. Koliko je to kuna, to ovisi o tečaju.

- Jeste vi normalni?! – Haris je bio šokiran. – Toliko

puno novaca nisam vidio u cijelom mojem životu! ... Sve što zaradim, dajem mojoj ženi kao alimentaciju.

- Onda se morate s njom drugačije aranžirati. Ja sam financijski oštećena!

- Ako ne platim alimentaciju, onda će moja žena odvesti našeg sina i našu kćerku u Bosnu, kod svoje familije. I ja ih više neću vidjeti.

Edit je bila zbunjena:

- ... Zašto ne biste mogli vidjeti vašu djecu?

- Jer smo mi – moja bivša i ja ... njezina familija joj uvijek govori da ja nisam zaslužio da imam djecu, da sam loš ne samo čovjek nego i otac ...

- Jako mi je žao, ali to trebate raspraviti sa sudom. Ne sa mnom.

- Ja nemam novaca! Ja radim u «Pogonima», u skladištu – to što zaradim, to nije plaća, to je vic.

Edit je uzvratila:

- ... Aha! Vi ste i lažljivac! Niste vlasnik nikakve firme!

Haris je zastao, a onda je rekao:

- ... Bio sam prije dva mjeseca. Ali firma je otišla u konkurs. Još uvijek otplaćujem kredite ... Znate koliko sada zarađujem? ... Reći ću vam koliko zarađujem.

- To me se ne tiče. – odgovorila je Edit.

- Itekako vas se tiče. Nećete dobiti ništa od mene. Bolje mi vratite moju kameru.

- Sve dok ne dobijem od vas novac, kamera će biti kod mene! Kao kaucija.

- Ali nećete ništa dobiti od mene!

- Onda ćemo pitati sud da li je i on tog mišljenja.

Haris je uzdahnuo:

- Ah bože, jeste naporni! ... Uostalom – pogledajte naše pse: više se ne pare. Walter mirno leži na livadi, dobar kao anđeo ... Je ne znam da li je on uopće sposoban napraviti kučiće. Tako nešto on još nije nikada radio. Ja sam vam već rekao da on misli samo na hranu i na spavanje ... I ne znam da li je on uopće pas. Ide na WC u stanu kao čovjek, sam od sebe, ja ga to nisam naučio. Dobio sam ga u jednom domu za životinje, to sa WC-om – odakle mu to – bog će znati.

- To mora da je sigurno naučio od svog prijašnjeg vlasnika. – odgovorila je Edit.

Haris se okrenuo Walteru, kratko ga je gledao, a onda je viknuo:

- Walter, šta to radiš? ... Nemoj jesti travu! Ti nisi krava, ti si pas! ...

Onda se okrenuo Edit:

- Čujte, to je specijalna kamera, vrlo skupa. Ako je potrgate, onda ćete je morati platiti ... Žene nemaju pojma o tehnici. One nisu tehnički inteligentne.

Edit ga je iznenađeno pogledala:

- Ah, da? One nisu inteligentne? – rekla je uvrijeđeno.

Edit je sišla s klupe, potražila je očima nešto po zemlji i kad je našla oveći kamen, uzela ga je s poda:

– Tu imate pravo.

- ... Šta će vam kamen? ... – upitao je Haris s nelagodom.

- Razbit ću kameru s kamenom. Jer nisam tehnički inteligentna.

Haris je odmah promijenio taktiku i spremno je promijenio ton glasa u ugodniji:

- Čekajte, čekajte, ma čekajte ... Zašto se odmah vrijeđate? Pa nisam ja mislio to tako ... Ah, jeste, uvredljivi, čudo jedno ... Pa možemo se dogovoriti, ljudi smo, zar ne? Je li tako? ... U slučaju da vaš pas dobije štenad, ja ću ih otkupiti. U redu?

- To ne ide. – uzvratila je Edit.

- ... Šta sad? Zašto ne ide?

- Ja moram prodati Brisku.

- Zašto?

- Moram platiti račun ...

- Kakav račun?

- Za graviranje nadgrobnog kamena.

- Vi ćete umrijeti?

- Ne budite drski! ... Ako baš hoćete znati: za nadgrobni spomenik mojeg pokojnog supruga.

- Ne može li on malo pričekati? – upitao je Haris.

- Ne, ne može.

- Mislim ... on je mrtav, on ne zna da li će graviranje dobiti malo kasnije ...

- Ne.

- Zašto ste naručili graviranje ako za to morate prodati vašeg tako «vrijednog» cuku?

- Jer ... Jer ... To se vas uopće ne tiče!

- Što onda hoćete? Da JA kupim vašeg psa?

- ... Da. To bi bilo pravedno.

- Ali ja to ne mogu! – branio se Haris. – Kučiće možda – ali još jednog odraslog psa. I Walter mi je već previše ... Ako Briska dobije šest kučića plus Briska plus Walter – šta da radim sa osam pasa?! Ja ne znam ništa o psima ...

- ... Ne znate ništa o psima? Zašto onda imate psa?

Haris je sada pogledao Edit, uzdahnuo i sjeo je na klupu. Sada više nije izgledao kao svadljiv dječak nego kao stari čovjek. Njegovo lice je sada nosilo brige koje se urezuju u lice a da ih čovjek ne vidi u ogledalu. Pognuo je glavu i skupio je ramena kao čovjek koji nije dorastao nepravednim zadaćama.

I ta nova slika djelovala je na Edit. Ona je promatrala Harisa, a onda je i ona sjela na klupu, malo dalje od Harisa.

Haris je pogledao Edit, a onda rekao:

- Ja sam kupio Waltera za djecu. Ona vole Waltera i zanovijetaju majci tako dugo i tako uporno da žele vidjeti Waltera dok moja bivša ne popusti. I tako ja češće vidim djecu ...

Edit je pogledala Harisa i nakon pauze je rekla:

- Razumijem – odgovarila je Edit pomirljivo. – Ali to ne mijenja ništa na stvari.

Haris je sada razmišljao. Editin pomirljiv glas djelovao je na njega kao kreativni impuls. U njemu se sada probudio poduzetnički duh koji je kod njega imao faze spavanja, faze buđenja i faze djelovanja. Sada je njegova faza djelovanja bila probuđena:

- Hm ... Čekajte ... Imam ideju ... Vi želite novac, ali ja nemam novac. Ali mi možemo zaraditi novac ... Ja želim napraviti film s Walterom, ali mi možemo naše pse zajedno snimiti, kako se maze, veselo trče, igraju se i od toga napraviti film. Ljubavna priča, dva zaljubljena psa. Za takav film postoji veliko tržište: ovdje ljudi vole životinje, posebno pse, psi su ljudima najbolji prijatelji, i ako se ponudi ljubavna priča dva psa, to će sigurno biti uspjeh ... Ja se mogu pobrinuti za umnožavanje i distribuciju, imam prijatelja, jedan Bosanac, okretan *businessman*, ima videoteku u Bihaću, pravi i male produkcije i može naš DVD prodavati u svojoj trgovini. Profit dijelimo pola-pola ... Što kažete?

Edit je netremice gledala Haris jedno vrijeme, a onda je rekla:

- Jeste vi prirodno blesavi ili se samo pravite blesavim?

Haris je spremno odgovorio:

- Vi me možete tužiti u svako doba - na videokazeti u kameri je sve snimljeno: Walter i Briska, plus naš cijeli razgovor ... U slučaju da vas želim prevariti, to možete upotrijebiti na sudu.

Na Editinom licu se pojavio osmijeh:

- Hvala što ste mi to rekli.

Tek sad je Haris shvatio što je napravio – sam je skočio sebi u usta.

Kratko je razmišljao, a onda je rekao:

- U redu, vi ste pobijedili ... Neka vam bude ... Ali ... Ja želim samo jedno. To mi ne možete odbiti. Ako ste čovjek ... Jeste čovjek? ...

Edit je šutjela.

- Kamera pripada mojoj kćeri, ja sam joj je poklonio kad mi je još dobro išlo. Ona sada završava gimnaziju i želi studirati film. Voli filmove. Ako će ona studirati, bit će prva u našoj familiji koje je uspjela doći do univerziteta ... Ali ona kaže da ne želi studirati iako voli film. Ona ne želi ništa od nas. Kaže da se mi stalno svađamo zbog novaca i da joj je dosta svađe. Da će bolje ići raditi nego se da se svađa s nama oko para ... Razumijete? Ona želi odbaciti svoju budućnost zbog nas ... Pa sam ja mislio: ja ne mogu promijeniti svoju bivšu ženu koja se uvijek svađa oko novaca, ali možda mogu promijeniti mišljenje moje kćerke. Ako će vidjeti Waltera na filmu – a ona obožava Waltera –, onda će popustiti. Onda će se predomisliti ...

Edit je i dalje šutjela i gledala Harisa.

Haris je dodao:

- Ja sam samo glupi otac. To možete razumjeti ... Zar ne?

Edit je i dalje šutjela, a onda, nakon kratkog je tiho rekla:

- Ja vam neću dati kameru.

Haris je kratko gledao Edit, a onda mu je sinula nova ideja. Da, njegova kreativna faza se osnažila u svom procesu i sad je bila u svom zenitu. Jer je slijedio novi prijedlog:

- Onda mi napravite uslugu. Ja sam počeo snimati Waltera, ali nisam završio. Zato vi možete snimiti Waltera da kraja i onda mi dati kazetu. Kameru možete zadržati.

- ... Kako, molim? Da ja snimam umjesto vas?

- Vrlo je jednostavno, samo stisnite crveno dugme, pokazat ću vam gdje je.

Edit je pogledala Harisa:

- Vi ste stvarno munjeni ...

- Ja samo volim svoje dijete, to je sve ...

Edit je zastala, a onda rekla:

- ... Čak i da snimim vašeg psa, ne očekujete valjda da vam dam tu video kazetu?

- Zašto ne?

- Zato što je na toj kazeti naš razgovor, a on mi treba kao dokaz.

- Hm ... Ja ću vam dati novu kazetu. Vidite, imam još jednu kazetu. – Haris je izvadio novu kazetu iz džepa.

Edit je zbunjeno gledala kazetu:

- ... Ali ja ne znam snimati film.

- Ne? ... No dobro, možemo zajedno snimati. Ja ću stisnuti dugme, a vi možete držati kameru. Možete staviti remen kamere oko ruke i ja vam tako ne mogu uzeti kameru ... U redu?

Edit je gledala kameru, pa Harisa, pa onda kameru. Onda je pogledala Harisa još jednom, ali s nepovjerenjem.

Haris je dodao:

- Ako bih pokušao da vas prevarim, možete vikati. Deranje vam zaista ide od ruke. Onda će izgledati kao da ja kradem vašu kameru ...

Edit je i dalje hladno gledala Harisa.

Haris je opet razmišljao kako da usmjeri razgovor u

kreativnom smjeru. I onda mu je opet pala na pamet nova ideja – treba apelirati na ljudskost. Jer svi ljudi na svijetu nose u sebi ljudskost.

- Imate li djecu? – upitao je Haris.

- ... Djecu?

- Da. Imate li djecu?

- Ne.

- ... Ali vi možete učiniti sretnim jedno dijete. To je tako malo za vas, a znači tako puno za moju kćerku ... – rekao je gotovo patetično.

Edit je kratko razmišljala, a onda je rekla:

- ... Ja nisam nečovjek, znate, ja razumijem da volite vašu kćerku. Djeca su tako ... djeca su tako ... - onda je zastala i oštro rekla: - Ali ako napravite samo jedan pogrešan pokret, ja ću vikati!

- Da, znam da ste ludi ...

- Ja nisam luda, ali ja se znam braniti.

- Vi jeste ludi, ali se znate i braniti.

- Onda smo to razjasnili. – rekla je Edit mirno.

- ... Da. – odgovorio je Haris tiho.

Haris je pružio Edit kazetu za kameru:

- Ovdje je nova kazeta ... Ovdje trebate stisnuti ... Tako ... I ta kazeta unutra, ona je ...

Edit ga je prekinula:

- Ona je moja!

- Da, da, zadržite kazetu, ne trebate se bojati. Ja samo čovjek od riječi ... Stavite sada novu kazetu ...

- Tako?

- Da, tako ... sada remen od kamere oko ruke ... Okay ... Sada moram stisnuti da snima ... Ja ću stati iza vas i moram pridržati kameru ...

- Auuuuu! Stali ste mi na nogu! ...

- Oh, izvinite ...

- Ne vucite tako jako kameru prema sebi! ...

- Ne vučem ...

- Vučete!

- Ne mogu onda ništa vidjeti ...

- Vi ste tako nespretni ... Kao da imate dvije lijeve ruke.

- Izvinite ... Je li ovako dobro?

- Ne, nije ... Moja glava! ... Pazite malo ... Oh! ...

- Žao mi je, nisam htio ... Je li ovako dobro? ...

Edit nije odgovorila nego je pokušavala naći ugodni položaj. Ona je držala kameru iznad glave, a Haris je stajao iza nje i gledao je kroz objektiv. Kad bi netko gledao sa strane, vidio bi zaista neobičan par: dvoje zajednički drže kameru kao da je ona teška dvjesto kilograma. A zapravo zajednički snimaju pse. No dobro i to je neobična ideja – zajednički snimati pse – ali kao što je rečeno: proljeće je i ljudi su u proljeće uvijek neobični.

- Je li sada u redu?

- Valjda jeste ... – rekla je Edit.

Haris je koncentrirano gledao livadu kroz objektiv.

Nakon kratkog je komentirao i dalje snimajući:

- ... Vidite! To je lijepa slika – Walter trči, a to se ne

događa često ...

- Vi imate jako čudnog psa. – rekla je Edit.

Haris nije odgovorio nego je digao pogled s kamere i pogledao livadu:

- ... Walter, zašto opet jedeš travu? ... Danas sam ti dao dosta za jesti ... I banane si dobio ...

- ... Vi ste dali vašem psu banane za jesti? – upitala je Edit.

- On voli banane.

- Onda se ne čudite što jede travu. To je dobro za probavu.

- On je lud za bananama.

- Banane nisu pseća hrana. Vaš Walter vjerojatno ima probleme sa želucem.

- Jeste vi doktor za životinje?

- Ja nisam veterinar.

- Nego?

- Ja se brinem već dvadeset pet godina o Briski. Ova Briska je treća generacija.

Haris je ponovo pogledao kroz objektiv. Kratko je snimao, a onda je rekao:

- ... Idemo lijevo, tamo su psi ...

- Hej! Ne vucite remen tako jako! Slomit ćete mi ruku ...

- Izvinite, nisam htio ...

- Daj pazite malo...

- U redu, u redu ... Naši cuke se sada igraju, to moram da snimim ...

Edit je uzbuđeno upitala:

- Hoće li se Walter opet popeti na Brisku?

- Otkud znam? Vi ste ekspert za pse i parenje kad imate Brisku već dvadeset pet godina. Niste nikad gledali kako se Briska pari?

- Ja uvijek odvedem Brisku kod vlasnika parnjaka i tamo je ostavim. Ja to ne gledam.

Haris je podigao pogled s kamere i pogledao pse:

- Ne, on neće više skočiti na nju, oni se igraju s granom ... Uostalom, već je kasno, Walter je već Brisku ... mislim ... Je ne kažem da će nešto biti od toga! Moj Walter je preglup za to.

Obadvoje su sada gledali pse i bili su u svojim mislima.

Nakon kratkog Edit je rekla:

- Briska je jako sretna na livadi ... Mi živimo u stanu, a ona treba slobodan prostor i sretna je kada može trčati. Prije smo živjeli u kući, ali nakon što je moj muž ...

Edit je zastala. Haris je pogledao Edit i rekao:

- Šta je on?

- Ah, ništa ...

Haris se opet dao u snimanje, a onda je upitao ne skidajući pogled s kamere:

- Što vi dajete Briski za jesti?

- Samo najbolju pseću hranu.

- Lijepo ... Ali to košta.

- Da, to košta. Ali to dugujem mojem mužu, on mi je poklonio Brisku za rođendan. On mi je omogućio lijep život i zato sam ja omogućila Briski lijepi život. Samo ... Samo to nije uvijek lako. Ako Briska dobije svoju hranu samo deset minuta kasnije nego obično, odmah izigrava uvrijeđenost – ne reagira niti na moje naredbe niti na moje molbe.

- I što onda radite? – upitao je Haris.

- Ah, šta radim? – uzdahnula je Edit. – Čekam da se sama od sebe smiri.

- Aha ...

- ... Što znači – aha?

Haris je pustio kameru i pogledao Edit:

- Ona vas, dakle, tiranizira.

- Ona me ne tiranizira. Ona ima samo jaki karakter. Jako je senzibilna. Osjetljiva duša ... Najgore je kada zavija na dan smrti moga muža. Onda zavija cijeli dan i cijelu noć.

- Odakle zna na koji dan je umro vaš muž?

Edit je sada otišla do klupe vukući Harisa sa sobom kao da je on na uzici. Sjela je na klupu i Haris je bio prisiljen da sjedne do nje, a Edit je ponovo uzdahnula:

- Tja, ne znam ... Već otpočetka je postojala posebna veza između nje i njega. Iako skoro nikada nije bio kod kuće i uvijek sam je samo ja hranila. On ju je mogao bez problema ostaviti ispred dućana, ali kad je bila sa mnom uvijek se ljutila. Što je starija, to me više izluđuje. Ja pazim na nju kao na zjenicu oka svog, a ona - kakve mi samo priređuje scene! To nije za izdržati! To mi ponekada zbilja ide na živce! Zaista ... Kao jučer. Morala sam odmah izaći iz dućana jer je ona ispred njega tako divljala kao je sam vrag ušao u nju.

Uplašila je jednu malu curicu tako jako da mi je njena majka prijetila policijom ... Prokleti pas ... Bezobrazni prokleti pas! ...

Haris je iznenađeno pogledao Edit.

Ona je nastavila u oštrom tonu:

- Šta me tako gledate?! Kad je netko nezahvalan, što može očekivati?! Pohvalu?! ...

Haris je tiho rekao:

- Ja sam mislio da vi volite vašeg psa.

- Ja ga volim, ali to me ne priječi da vidim istinu: Briska je razmažen pokvaren pas koji je više volio mojeg muža nego mene! Briska se ponaša kao moj muž – bez obzira što on napravio, mora mu se oprostiti!

Haris je i dalje iznenađeno gledao Edit, a ona je nastavila u ciničnom tonu:

- Jer se obitelji mora sve oprostiti. Svaku sramotu ...

- Kakvu sramotu? – Haris je bio zbunjen.

- On je uvijek izigravao svetu familiju!

- ... Ko?

- Moj muž! ... I znate li što mi je njegova «sveta» familija napravila?

- Ne.

- Zbog njegove «svete» familije ja nemam djece!

- ... Da?

- Zbog njegovog brata ja sam izgubila bebu!

- ... Zbog njegovog brata?

- On je bio moj ginekolog. I upropastio je moju trudnoću!

- Oh ...

- Da! Upravo tako ... – rekla je Edit i onda ponovo uzdahnula i tiho dodala. - ... Upravo tako ...

Haris je gledao Edit.

Ona je pogledala livadu i više nije govorila.

Nakon pauze Haris je upitao:

- ... I što ste napravili poslije toga?

Edit je odgovorila nakon kratkog vremena:

- ... Ah, što ? ... Što se može napraviti protiv toga kada se izgubi beba? Ići na sud? Hoće li ti sud vratiti bebu?

- Jeste pokušali poslije imati bebu?

- ... Poslije moj muž nije htio imati djecu ... A ni ja.

Haris je šutio.

Nakon pauze Edit je cinično dodala:

- Ali zato mi je omogućio lijep život. Jer mi smo obitelj, zar ne? ...

Haris je kratko razmišljao, a onda rekao:

- Vaš muž - šta je on bio po zanimanju?

Edit je pogledala Harisa i umorno se nasmijala:

- I on je bio doktor.

- Ako je bio doktor, onda je morao puno raditi. On sigurno i ne bi imao vremena za djecu.

Edit je odgovorila opet cinično:

- Naravno. Muškarac mora puno raditi, a tko radi, taj nema vremena za djecu.

- Ali to je tako. Htjeli mi to ili ne.

Edit je odgovorila uvjereno:

- Uvijek se ima vremena ako se želi.

- To je istina, ali ... Netko mora raditi. Ko će hraniti obitelj? Može li žena svaki dan ustati u pet ujutro, obavljati cijeli dan teški posao i onda još uvečer imati živaca za familiju?

- Naravno da žena to može! Ima puno žena koje tako žive.

- Moja bivša žena nije nikada tako živjela ... I ona se uvijek žalila kako nisam nikada kod kuće. Ali molim lijepo, kako bih se inače brinio o mojoj firmi?

- ... O firmi koja je otišla u konkurs?

- Nije jednostavno voditi firmu ... Jer to nije bio moj jedini problem. Ja sam imao još jednog rođaka da prehranim, on je došao iz Bosne, bio je bez zaposlenja, bez para. On me je molio da mu posudim novaca da pošalje u Bosnu. A tamo, posebno tamo, nije bilo ništa za jesti, bila je strašna situacija, sigurno znate. I zato sam morao preuzeti poslove koji nisu bili potpuno legalni. Ja sam mislio da ... Ah, šta ja znam šta sam ja mislio ...

Edit je šutjela.

I Haris je kratko šutio, a onda je rekao:

- Ako je vaš muž bio doktor, onda sigurno ne živite loše ... Možete li odustati od svoje odštete? Moj Walter je lud, ali potpuno bezazlen – mislim seksualno. Vi sigurno već sve imate u životu.

Edit se sad uzbudila:

- Otkud vi znate što ja imam? I kako ja živim?

- ... To ne znam tačno, ali ... Zar nemate penziju?

- Imam ... ali ...

- ... Ali?

- Penzija je opterećena kockarskim dugovima mojeg muža.

- ... Kockarskim dugovima? ...

Edit je spustila glavu, a onda rekla:

- Da, to je bio moj muž. Uvijek samo na sebe koncentriran. Uvijek je izgledalo da je on, kao liječnik, bio samo za druge tu, ali – on je bio samo za sebe uvijek tu.

Nastala je pauza. Haris je sada razmišljao što da kaže toj nesretnoj ženi. Ne, nije imao nikakvu ideju. Zato je pogledao u kameru i rekao:

- Da vidimo što smo snimili ... Uf! Ja sam stisnuo pogrešno dugme ... Moramo ponovo snimati ...

- Ponovo snimati? – upitala je Edit.

- Da, nažalost ...

Edit je bila ljuta:

- Vi nemate pojma o snimanju! ... Bolja da sam ja snimala. Tako bedasto čak ne mogu ni ja snimiti ... Dajte mi kameru!

- Ne! Ja ću snimati. Svaka budala zna snimati.

Edit je kimnula glavom:

- Da, imate pravo. Snimajte dalje ... Gdje je Briska? ... Briska.! ...

Haris je također pogledao livadu:

- ... Walter! ... Gdje je Briska? ... Idi i potraži svoju curu!

...

- ... Vidim je ... Briska! ... Briska! Čuješ me? ... Briska! ... Dođi! ...

- Walter, ne valjaj se po travi ... Walter, bit ćeš opet prljav! I pun mravi! ...

- Ja kupam Brisku svaki put nakon šetnje. Vi ne?

- Lijep život ima vaš pas, stvarno! Sigurno i radijatori u stanu ... Ja imam samo bojler za vruću vodu... Je li vam muž nešto ostavio?

- Nije ...

- Ne? ...

Edit je uzdahnula:

- On je sve oporučno ostavio svom djetetu.

Haris je iznenađeno pogledao Edit:

- ... Kakvom sad djetetu? Rekli ste da vi nemate djece.

- ... Njegovom vanbračnom djetetu.

- Oh ... Vaš muž je bio zbilja ... kockarski dugovi, vanbračno dijete ...

Edit je uzvratila istom mjerom:

- A vi? ... Propali brak i firma u bankrotu!

Obadvoje su se pogledali. Onda su se okrenuli livadi i psima.

Zavladala je tišina.

Nakon kratke pauze Edit se obratila Briski:

- Briska, hoćeš svoju lopticu? ... Dođi, Briska! ... Da, da ... Dođi ...

Edit je dobacila Briski lopticu, kratko gledala pse, a onda

komentirala:

- ... I vaš pas se igra s lopticom ... On je zapravo prilično pokretan, uzima Briski lopticu, vrlo okretno ...

Haris nije još odustao od stare teme:

- Ali vi ipak izlazite na kraj s penzijom, zar ne?

- Sada više ne ...

- Zašto ne?

- Moj pokojnik mi je prošli tjedan poslao račun.

Sada je Haris opet bio začuđen:

- Račun?! ... Kako to? ... Iz groba?!

- Preko uprave groblja. On je prije svoje smrti zaključio ugovor o graviranju nadgrobnog spomenika o kojem ja nisam ništa znala. I koji je zaboravio platiti.

- ... Da?

- Da. Kao poklon za MOJ 60. rođendan treba biti ugravirano na NJEGOVOM grobu: «Ovdje leži muškarac koje je volio samo njegovu zahvalnu Edit.» Plus fotografija s našeg vjenčanja. Račun plaćam ja. Preračunato u eurima oko 1.200 eura.

- ... On vas je ipak volio ...

- Da. I zato moram platiti 1.200 eura.

Haris je pogledao Edit, a ona je tiho dodala:

- Zato prodajem psa ...

Nakon kratkog se korigirala:

– Htjela sam prodati psa. Ali sada to ne ide. Briska je sigurno skotna i dobit će mješance.

Kod Harisa se sada nešto promijenilo. Sada više nije vidio u Edit staru ludu ženu koja ga je htjela uništiti iz svoje zlovolje i dokolice. Sada ga je njezina situacija tako ganula da je odustao od svojih prvobitnih namjera da na bilo koji način dođe do svoje kamere.

Pogledao je Edit i rekao:

- Znate šta?

- ... Šta?

- Ja nemam novaca, ali ja mogu podići kredit. S tim novcem možete platiti račun.

- ... Molim? ...

- Mogu podići kredit i onda možete platiti taj blesavi račun. Kad vam je on tako jako bitan.

- Je li to opet neka vaša finta?

- Ne, nije, to mislim najozbiljnije.

- ... Zašto?

Haris ju je gledao kratko, a onda je rekao:

- ... Ja znam što to znači biti prevaren, ja znam kako se čovjek onda osjeća ... Moja bivša – ona je imala vezu s tim mojim rođakom iz Bosne. Varala me s njim. U mojoj kući! ... Ja sam ga pozvao u Zagreb jer mu je cijela familija poginula u ratu, bio je olupina od čovjeka, tako mladi čovjek a već propao.... Ali i moja žena je onda bila mlada, i često sama kod kuće, kćerka je bila cijeli dan u obdaništu, moj sin je bio još beba. Utjeha, vjerojatno, ona ga je tješila, uvijek je govorila da je on za nju kao brat ... A sada moj sin više razgovara s njim, sa svojim očuhom, nego sa mnom. Jer moja žena govori našem sinu kako ja ne želim dati novac za njega ... Pa sam zato rekao ... ako hoćete mogu dići krediti i dati vam novac ...

Edit je bila sada iznenađena. To nije očekivala. To svakako nije očekivala: da neka potpuno strana osoba i uz to mačo muškarac nudi takvu pomoć. Tako neobičnu i velikodušnu pomoć.

Haris je rekao:

- To je u svakom slučaju jedna mogućnost. Ne baš povoljna za mene, zbog kredita, ali ...

- Ne... Ne, ne. Ja ne mogu to prihvatiti. To je ... To nije u redu.

Harisu je u sljedećem momentu već palo na pamet nešto novo:

- Onda imam bolju ideju: ja vam mogu izgravirati natpis na spomeniku. Imam bušilicu kod kuće, ona je dobra i za mramor. I Mario mi može pomoći, on je kipar, ludi Talijan, pravi majstor. On mi duguje uslugu, a već je dobivao poslove na grobljima ...

Edit je gledala zaprepašteno u Harisa:

- Ne mislite valjda to ozbiljno? ...

- Vi trebate ili novac ili graviranje – jedno od toga mora funkcionirati.

Edit je sada pogledala Harisa. Njegovo lice je sada živnulo i on je ponovo pogledao livadu. I Edit je pogledala na livadu. Jer jednostavno nije znala što da kaže.

Nakon kratkog Edit je rekla:

- ... Vaš Walter uvijek prepušta Briski lopticu ... On joj

uzima lopticu, ali joj je uvijek i prepušta ...

- ... On je *gentleman* ... Vidite! Moj Walter je dobar, on nije ... mislim, on je super, zar ne?

- ... Da ... – potvrdila je Edit.

- ... Vaša Briska ... ona je nešto posebno ... to Walter osjeća ... Ah, kad bi ga moj sin vidio! ... On, moj sin, on je cijeli dan sam kod kuće. Njegova majka radi, nikada ne kuha i on nema ručak. Tanak je kao šiba. I slabo uči, ima loše ocjene u školi.

- To trebate prijaviti sudu. Tražiti da sin bude s vama.

- ... Mislite da će mi oni dati dijete? Meni koji živi u podstanarskoj sobici, ima kredita do grla i jedva da je kod kuće jer radi dvije smjene i samo ponekad ima slobodno poslijepodne?

- Jeste pokušali razgovarati sa svojom bivšom ženom? Ili s njezinim mužem? Rođakom.

- S mojom bivšom razgovarati je kao da razgovaraš sa zidom. Samo je jedna tema na dnevnom redu: novac, novac i samo novac ... A s njenim mužem razgovarati – to ne želim.

- Da li imate prijatelja koji vam može pomoći?

- Hm ... Prijatelj? ... Imao sam par prijatelja, moji zemljaci ... Ali znate kakvi su moji zemljaci ... Ne, ne znate. Postoji takmičenje ovdje, kod naših ljudi: samo onaj koji zarađuje puno, taj uživa respekt i svi žele biti s njim prijatelji. Ako nemaš ništa, onda si sam ništa. Jer si glup i nespretan. I svi bježe od tebe kao da imaš kugu. Kao da čovjek jednostavno ne može imati peh ... Da, oni bi mi rado dali dobar savjet, ali onda bi mi se smijali iza leđa i ogovarali me ...

Edit je kratko razmišljala, a onda rekla:

- Znate, mogla bih tražiti odgodu plaćanja za račun, za graviranje nadgrobnog kamena. To ne bi bilo prvi put da penzioner ne može platiti ...

Haris je pogledao Edit i onda upitao:

- ... Ali što bi rekao vaš muž na to?

Edit je ogorčeno odgovorila:

- Ah, kao uvijek: «Što je drugo za očekivati od djevojke sa sela. Bez muškog ona je izgubljena ...». Da, moj muž je bio odvratan kad je bio ljut.

Haris je šutio.

Edit je sada razmišljala. Taj mladi muškarac je ostavio na nju zaista duboki dojam. Da, vrlo duboki dojam. Kao nitko do sada u njezinom životu.

Edit je skinula remen kamere s ruke, kratko gledala kameru, a onda je pružila Harisu kameru:

- Uzmite vašu kameru ...

Haris je uzeo kameru i začuđeno je upitao:

- ... Da? ...

- I nadajmo se da Briska nije postala skotna.

Haris je sretno gledao kameru, kratko razmišljao, a onda rekao:

- U slučaju da dobijete kučiće ... Mislim, moj Walter, ja ne garantiram za njega da je on ... No, dobro, u slučaju da do toga dođe, onda ... Mogu reći sinu da pokloni psiće svojim prijateljima, možda ćemo tako postati bliži, ja i moj sin ... Imate li vi kontakt s djetetom? S djetetom vašeg muža?

To je bilo pitanje koje Haris nije trebao postaviti. Jer je Edit odjednom postala tako agresivna da se Haris štrecnuo:

- Ne! Ne želim znati ništa o tome!

- ... Ne? ... Zašto ne? Nije dijete krivo.

- Da, nije ... Ali moj muž nije umro u našoj kući! Ne kod mene i ne u našoj kući!

- ... Na poslu?

- To bi bilo lijepo ... Kod svoje prijateljice! Kod majke djeteta!

- Oh ...

- On je umro u krevetu kod svoje mlade medicinske sestre! ... On me je zamijenio kao staru automobilsku gumu. Ja sam mu islužila! Kad sam bila mlada i lijepa, mogao me je okolo pokazivati kao trofej. A onda – onda sam za njega bila dobra samo za kuću ... Ja mu ne dugujem ništa! ... On si je uredio fini život! I finu smrt! ...

Haris je pogledao Edit pa rekao ne razmišljajući puno:

- Ja ne bih imao ništa protiv takve smrti ...

Edit ga je pogledala s mržnjom i uzvratila je bijesno:

- Da, muškarci! Nemate ništa na pameti osim vašeg užitka! ... Gamad! ...

Onda se okrenula prema livadi:

- Dođi, Briska, idemo kući! ... Briska!!! ... Zašto sada skačeš na Waltera?! .. Ostavi ga na miru! ... Ti si kao on! ... Briska!!! ... Smjesta dolazi ovdje! ... Zašto me ne slušaš?! ...

Još uvijek frustrirana Edit se okrenula Harisu:

- Možete li i sutra doći ovdje?

Haris je bio totalno zbunjen:

- ... Sutra? ... Zašto?

- Ja ću doći s Briskom i vaš Walter može opet skočiti na to prokleto pseto! Na njegovo pseto! ... Onda će on dobiti svoje graviranje na Sveto Nigdarjevo!

Haris je uzvratio :

- ... Ali ... Moj Walter nije rasplodni bik. Ili žigolo. Ne možete si ga naručiti kad vi želite ...

Edit je sada bila svadljiva:

- Ali kad je skočio na Brisku bez moje dozvole, to je znao jako dobro!

- Moj Walter je dobar momak ... Ali ja ga ne dam prostituirati ...

- Prostituirati?! ... Očekujete možda novac za njegovo zadovoljstvo?!

- Naravno da ne, ja nisam kao ... kao ... vi ... to parenje za novce ...

- ... Šta?!

- ... Vi ste počeli ... – branio se Haris.

- ... Ti ... ti .... glupi glupane!!! ...

U tom momentu se začuo s livade dječji plač. Oboje su se okrenuli prema psima. Briska je stajala kraj majke koja je u naručju držala malo plačno dijete. Briska je očito bila uplašila dijete.

Edit je odmah reagirala:

- Briska, dolazi ovdje! Smjesta! ... Ne, ne, pas ne grize, gospođo! On je skroz dobar, samo je malo nervozan! Ne trebate se bojati! Briska! Vrati se! ... Kamo ideš?! ... Briska! ...

Edit je sada otrčala po Brisku, uspjela ju je odmah uhvatiti i u trenu joj staviti brnjicu i uzicu. Onda je nešto razgovarala s majkom koja nije više imala volje da ostane na livadi. Žena je napustila livadu, a onda je Edit povukla Brisku na uzici u drugi pravac i počela napuštati livadu.

Haris je gledao kako Edit i Briska odlaze, a onda je viknuo:

- Edit! ... Čekajte malo! ... Ja ću dovesti Waltera ako želite ...

Edit nije čula Harisa i zato je on viknuo glasnije:

- Hej! Niste mi rekli kada ćemo se sutra vidjeti! ... Edit? ... U 3 sata? ... Heeeeeej! ...

Edit je već nestala iz njegovog vidokruga.

Haris se okrenuo Walteru:

- ... No da, otišle su ... Možda me kasnije nazove, ima moju vizitkartu ...

Onda je Harisu nešto sinulo. Izvukao je vizitkartu iz svog džepa:

- Mogu ja nju nazvati, tu je njezina vizitkarta ...

Kimnuo je zadovoljno glavom, a onda se okrenuo Walteru:

- Idemo, Walter ... Dođi ...

No Walter je već krenuo svojim putem. I već je prilično odmaknuo tako da je Haris morao vikati za Walterom:

- Walter, čekaj malo! ... Waltere, vrati se ... Walter, k nozi! ... Jesi me čuo? K nozi!

Ali Walteru nije palo na pamet da sluša Harisa tako da Harisu nije preostalo ništa drugo nego da krene za Walterom, kao da je Walter bio njegov gospodar, a ne obrnuto.

I tako je završio taj neobičan susret – susret vlasnika dvaju pasa koji nisu mogli biti različitiji. Vlasnici koji su zapravo imali iste probleme i koji su se osjećali gubitnicima na isti način. Koji su pokušavali na sličan način plivati rijekom života. Da, život je neobična stvar. U rijeci života su svi jednaki – bez obzira na starost, na porijeklo i na spol, ali svatko pliva na svoj način i svatko ima sreće na svoj način u toj bujici života. Pod kapom nebeskom život ima bezbroj puteva. Ispod kape nebeske sve su sudbine ljudske i svi su ljudi krvavi ispod kože. Pogotovo u proljeće. U proljeće kada sunce ponovo sja. U proljeće koje je ponekad kaotično za ljude, ali koje se svake godine ponavlja zbog ljudi i usprkos ljudima u svojim beskonačnim ljudskim varijantama.

VOKABELLISTE

Abkürzungen:
Akk. – Akkusativ
Bos. – Bosnisch
D – Dativ
dem. – Deminutiv, Verkleinerungsform
dial. – Dialekt
f – Feminin
G – Genitiv
Inst. – Instrumental
L – Lokativ
m – Maskulin
N – Nominativ
n – Neutrum
pej. – pejorativ, abwertend
Pl. – Plural
PPA – Past Partizip Aktiv
reg. – regional
Sg. - Singular
Slang – Slang, Jargon
umgs. – umgangssprachlich
Vok. – Vokativ
voll. – vollendeter Verbalaspekt
vulg. – vulgär

A

\`Ajde! (*umgs.*) = Hajde! – Na komm!

B

ba (*Bos., umgs.*) – *Betonungswort*; Kuda, ba, sada ideš? – Wohin gehst du jetzt, Alter?
baciti, ja bacim (*voll.*) – werfen; baciti pogled – einen Blick

werfen
bar – wenigstens
baviti se, ja se bavim – sich beschäftigen; baviti se jogom – Yoga betreiben
bedasto (*umgs., dial.*) – blöd
beskonačan, beskonačna, beskonačno (m/f/n) – grenzenlos, unendlich
besprijekoran (m) – tadellos
bezazlen, bezazlena, bezazleno (m/f/n) – harmlos
bezobrazan, bezobrazna, bezobrazno (m/f/n) – frech
bezvezan, bezvezna, bezvezno (m/f/n) *umgs.* – unsinnig
bezvrijedan, bezvrijedna, bezvrijedno (m/f/n) – wertlos
bijesan, bijesna, bijesno (m/f/n) – wütend
bivša (žena) – Exfrau
Bježi! – Flieh! Lauf weg! Verzieh´ dich!
blesav, blesava, blesavo (m/f/n) – doof
bogatstvo – Reichtum
bojati se, ja se bojim – sich fürchten
Bože! – Gott!
božje biće – göttliches Wesen
božji dar – Gottes Geschenk
braniti se, ja se branim – sich verteidigen
briga – Sorge
brinuti se, ja se brinem – sich kümmern
Briši odavde! (*umgs., pej.*) – Verschwinde!
brižan, brižna, brižno (m/f/n) – fürsorglich, sorgsam
brnjica – Maulkorb
bučan, bučna, bučno (m/f/n) – laut

budala – Tor, Blödmann; zadnja budala – der größte Blödmann
buđenje – Aufwachen
Budite sigurni! – Seien Sie versichert!
budućnost – Zukunft
bujica – Schwall
Buš bila opet zmazana kao pajcek! (*umgs., dial.*) – Du wirst wieder schmutzig wie ein Schwein!
bušilica – Bohrer

C

cika – Schrei; vika i cika – Lärm und Geschrei
cuko (*Bos., reg.*) – Hund
cura – Freundin (*Liebesbeziehung*)
curica = djevojčica – Mädchen

Č

čak – sogar
čas – Augenblick; u času – im Moment
češće – öfter
četrdesetak godina – circa 40 Jahre
čim – sobald
čin – Akt; ljubavni čin – Liebesakt
činiti, ja činim – machen; to čini život vrijedan življenja – das macht das Leben lebenswert
čuditi se, ja se čudim – sich wundern
čudo – Wunder; Čudo jedno! (*umgs.*) = Nicht zu glauben!
čvrsto – fest

D

dah – Atem; ostati bez daha – atemlos bleiben

Daj pazite malo! – Passen Sie mal auf!

dakle – also

dalmatiner – Dalmatiner

deranje – Schreierei

derati se, ja se derem – schreien

dernjati se, ja se dernjam (*umgs.*) = derati se, ja se derem – schreien

dijeliti, ja dijelim – austeilen, teilen; spenden

divljati, ja divljam – rasen, toben

dječak – Bub

dječje igralište – Kinderspielplatz

dječji plač – Kinderweinen

djelovanje – Wirken

djelovati, ja djelujem – agieren; wirken

djevojčica – Mädchen

dnevni plan – Tagesplan, Tagesroutine

doba → u svako doba – jederzeit

dobaciti, ja dobacim (*voll.*) – zuwerfen

doći k sebi – zu sich selbst kommen

doći na svoje → auf eigene Kosten kommen

dodati, ja dodam (*voll.*) – zufügen

Dođite odmah! – Kommen Sie sofort!

doduše – zwar

dogoditi se, ja se dogodim – sich ereignen, passieren

dogovoriti se, ja se dogovorim (*voll.*) – eine Vereinbarung treffen; etwas ausmachen dojam – Eindruck; ostaviti dobar/duboki dojam – einen guten/tiefen Eindruck hinterlassen

dokaz – Beweis

dokolica – Freizeit, Langeweile, Muße

dom – Heim

dorasti, ja dorastem (*voll.*) – gewachsen sein

dosadno – langweilig; gelangweilt

doskakutati, ja doskakućem (*voll.*) – hüpfend kommen

došljak – Ankömmling

dovikivanje – Zuruf

dovršiti, ja dovršim (*voll.*) – beenden

dozvola – Erlaubnis

dozvoliti, ja dozvolim (*voll.*) – erlauben, zulassen

dozvoljavati, ja dozvoljavam – erlauben

drek (*umgs., pej.*) – Dreck, Scheiße

drski (*höf. Form*) – frech; drzak, drska, drsko (m/f/n) – frech

drveće (Pl.) – Bäume

držati nekoga za riječ – j-n. beim Wort halten

držati, ja držim – halten; držati dalje (*oder*: podalje) – fern halten; držati nekoga na oku – j-n. im Auge behalten

dublji, dublja, dublje (m/f/n) – tiefer

dućan (*umgs.*) – Geschäft, Laden

dugme – Knopf

dugovati, ja dugujem – schulden

duh – Geist; u zdravom tijelu, zdrav duh (*Spruch*) – im gesunden Körper gesunder Geist

duša – Seele

dva puta – zweimal

Dž

džep – (Hosen)tasche
džukac (*umgs. pej.*) – Köter

E

E! = Eh! – Ach!

F

faza – Phase
finta (*umgs.*) – Finte
Fuj! – Pfui!

G

gamad – Ungeziefer; (*als Schimpfwort*) Gesindel
ganuće – Rührung; Ergriffenheit, Bewegtheit
ganuti, ja ganem (*voll.*) – rühren
glup, glupa, glupo (m/f/n) – blöd
glupača (*pej.*) – dumme Gans
glupan – Blödmann
gore – oben
gospodar – Herr
građevinski radovi – Bauarbeiten
grana – Ast
graviranje – Gravieren
gravirati, ja graviram – gravieren

grize – er/sie beißt; Inf. gristi, ja grizem – beißen
grlo – Hals; imati kredite do grla – bis zum Hals in Schulden stecken
grob (Pl. grobovi) – Grab
groblje – Friedhof; uprava groblja – Friedhofsverwaltung
grubo – grob
gubitnik (Pl. gubitnici) – Verlierer
guma – Reifen
guranje – Schubsen; Schieben; Stecken

H

Hajde, budi dobra djevojčica! – Na komm, sei ein braves Mädchen!
hip → u hipu – im Nu
hodati, ja hodam – Schritte machen, gehen
hraniti, ja hranim – futtern; ernähren

I

iako – obwohl
Ima da mi platite odštetu! – Sie müssen mir für den Schaden zahlen!
imati pojma – Ahnung haben
inat – Trotz
ionako – sowieso
isključivati, ja isključujem (*voll.*) – ausschalten
iskoristiti, ja iskoristim (*voll.*) – ausnutzen
islužiti, ja islužim (*voll.*) – ausdienen
ispričati, ja ispričam (*voll.*) – erzählen

Istrči se! – Laufe dich aus!
itekako → on je sada itekako želio nazad svoje vlasništvo – er wollte erst recht sein Eigentum zurück
itekako Vas se tiče! – und ob Sie das angeht
izazovno (n) – provokativ
izbjegnuti, ja izbjegnem (*voll.*) – vermeiden
izgubljen, izgubljena, izgubljeno (m/f/n) – verloren
izigravati, ja izigravam (*voll.*) – etwas vorspielen
izlaziti na kraj – zurechtkommen
izluđivati, ja izluđujem nekoga – j-n. verrückt machen
iznenada – plötzlich
iznenadan, iznenadna, iznenadno (m/f/n) – unerwartet
iznova – wieder, erneut
izraz – Ausdruck
izrekla – gesagt; Inf. izreći – zum Ausdruck bringen
izvela – ausgeführt; Inf. izvesti, ja izvedem (*voll.*) – ausführen; PPA: izveo, izvela, izvelo
Izvinite! (*umgs.*) – Verzeihen Sie!
izvoditi, ja izvodim – ausführen
izvorno ime – ursprünglicher Name

J

javno mjesto – öffentlicher Platz
je li tako? – ist das nicht so?
jedva – kaum
jurnjava – Herumrennen, Gerenne

K

ka – zu
kamen – Stein
kapa nebeska (*poetisch*) – Himmel
ker (Pl. kerovi) *Bos.* – Hund
kimnuti glavom – mit dem Kopf nicken
kipar – Bildhauer
klupa – Bank
ko (*Bos., umgs.*) = tko – wer
kockarski dugovi (Pl.) – Spielschulden
kopanje – Graben
korak – Schritt; Ni korak dalje! – Keinen Schritt weiter!
krađa – Diebstahl
kradljivac – Dieb
kraj – Ende; izlaziti na kraj s – zurechtkommen mit; na kraju krajeva – letztendlich
krasti, ja kradem – stehlen
krava – Kuh
krenuti, ja krenem – loslegen, losgehen
kriv, kriva, krivo (m/f/n) – falsch, unecht; nije dijete krivo – das Kind kann nichts dafür, es ist nicht daran schuld
krvav ispod kože – *wortwörtlich*: blutig unter der Haut = menschlich sein
kučić (*Bos., reg.*) – Welpe
kuda – wohin
kuga – Pest

L

lagati, ja lažem – lügen
lakog i brzog koraka – in leichem und schnellem Schritt
lakomislen, lakomislena, lakomisleno (m/f/n) – leichtsinnig
Laže! – Sie lügt!
lažljivac – Lügner
legao – gelegt; Inf. leći, ja legnem – sich legen; PPA: legao, legla, leglo
lijen, lijena, lijeno (m/f/n) – faul
livada – Wiese
lopov – Dieb
loptica = mala lopta – kleiner Ball
lovački pas – Jagdhund
lovice – Fangen (*Spiel*)
lovina – Jagdbeute
Luda ženo! (*Vok.*) – Du, verrückte Frau!
luđaci (Pl.) – Verrückte
luđakinja – (*Vok.*) Luđakinjo!– Du, verrückte Frau!

Lj

ljubav na prvi pogled – Liebe auf den ersten Blick
ljubavni akt – Liebesakt
ljubavni čin – Liebesakt
ljubavni uznos – Liebesrausch
ljudski (m) – menschlich
ljudskost – Menschlichkeit

ljutiti se, ja se ljutim – böse werden, sich ärgern
ljutito – verärgert

M

ma – aber; Ma nemoj mi reći! – Was du nicht sagst!
Maknite se! – Gehen Sie weg!; Maknite se odavde! – Gehen Sie von hier weg!
maknuti, ja maknem (*voll.*) – wegtun
maženje – Schmusen
maziti se, ja se mazim – schmusen
međuvremenu → u međuvremenu – in der Zwischenzeit
mir – Ruhe; ostaviti na miru – in Ruhe lassen
misli (Pl.) – Gedanken
mišić – Muskel
mišljenje – Meinung; biti drugog mišljenja – anderer Meinung sein
mjera – Maß, Ausmaß; uzvratiti (*oder*: vratiti) istom mjerom – mit gleicher Münze heimzahlen
mješanac – Mischling
mokra trava – feuchtes Gras
molba – Bitte
momak – Bursche
mramor – Marmor
mrav – Ameise
mrtav, mrtva, mrtvo (m/f/n) – tot
mržnja – Hass
mučen, mučena, mučeno (m/f/n) – gequält
munjen (*umgs.*) – verrückt

munjevita (f) – blitzartig
muški (*umgs.*) – Mann

N

načas – auf ein paar Sekunden, auf kurz
način – Art, Weise
nadgrobni kamen – Grabstein
Nađite! – Finden Sie!
naglas – laut
najgore – am schlimmsten
najozbiljnije (*umgs.*) – ernsthaft
naklonost – Zuneigung
nakratko – auf kurz
nalaže joj plan – der Plan schreibt es ihr vor; Inf. nalagati, ja nalažem – vorschreiben, gebieten
namjera – Absicht
napadanje – Attackieren, Angriff
napadati, ja napadam – attackieren, angreifen
napola – half; biti napola – halbherzig sein
naporan, naporna, naporno (m/f/n) – anstrengend
napustiti, ja napustim (*voll.*) – verlassen
naredba – Befehl
narediti, ja naredim (*voll.*) – befehlen
naručiti, ja naručim (*voll.*) – bestellen
naručje – Umarmung; držati dijete u naručju – Kind in den Händen halten
nastavljati, ja nastavljam – fortsetzen
natezanje – das Hin und Her; Gerangel

natuknica – Stichwort

nazvati, ja nazovem (*voll.*) – benennen

Ne vucite! – Nicht ziehen!

nečovjek – Unmensch

neizrecivo – unausgesprochen

nekakav (muškarac) – irgendein Mann, Irgendeiner

nelagoda – Unbehagen

neobičan, neobična, neobično (m/f/n) – ungewöhnlich

neodlučnost – Unentschlossenheit

neponovljiv, neponovljiva, neponovljivo (m/f/n) – unwiederholbar

neporeciva (f) – unleugbar, unwiderlegbar

nepovjerenje – Misstrauen

nepoznat, nepoznata, nepoznato (m/f/n) – unbekannt

nepravedan, nepravedna, nepravedno (m/f/n) – ungerecht

nepromišljenost – Unbedachtheit

nerazgovijetno – unverständlich

nespretan, nespretna, nespretno (m/f/n) – ungeschickt

nestrpljiv, nestrpljiva, nestrpljivo (m/f/n) – ungeduldig

netremice – direkt

neugodnost – Unannehmlichkeit

nevjerojatno – unglaublich

nezahvalan, nezahvalna, nezahvalno (m/f/n) – undankbar

nezgrapno – tolpatschig

ni – nicht mal, auch nicht

novčanik – Geldbeutel, Brieftasche

nozi → K nozi! – Bei Fuß!

Nj

njuška – Schnauze
njuškanje – Schnüffeln

O

obadvoje – beide
obdanište (*Bos.*) – Kindergarten
objašnjenje – Erklärung
obješena (f) – gehängt
oblik – Form
obogaćivati, ja obogaćujem – bereichern
obožavati, ja obožavam – vergöttern
obraćati pažnju – Achtung schenken
obraćati se, ja se obraćam – sich wenden
obrnuto – umgekehrt
obrva – Augenbraue
očaran pogled – gefesselter Blick
očekivati, ja očekujem – erwarten
oči (Pl.) – Augen
očito – offensichtlich
očuh – Stiefvater
odati, ja odam (*voll.*) – verraten
odavno – längst
odbaciti, ja odbacim (*voll.*) – wegwerfen, abwerfen; odbaciti budućnost – gute Zukunftschancen vergeuden
odbiti, ja odbijem (*voll.*) – ablehnen
odjednom – plötzlich

odijeljen, odijeljena, odijeljeno (m/f/n) – getrennt
odlučivati, ja odlučujem – entscheiden
odmah – sofort
odmaknuti, ja odmaknem (*voll.*) – wegtun; on je prilično odmaknuo – er war schon ziemlich weit weg
određen, određena, određeno (m/f/n) – bestimmt
odšteta – Entschädigung
odušak – Ventil (*im übertragenen Sinn*); dati oduška radosti – der Freude Ausdruck verleihen
odustati, ja odustanem (*voll.*) – aufgeben
odvratan, odvratna, odvratno – fies, scheußlich, ekelhaft, widerlich
ogledalo – Spiegel
ogorčeno – verbittert
ogovarati, ja ogovaram – tratschen, Gerüchte verbreiten
okolo – herum
okot – Wurf (*Tiere*)
okrasti, ja okradem (*voll.*) – bestehlen
okretan, okretna, okretno (m/f/n) – geschickt
olupina – Wrack
omogućiti, ja omogućim (*voll.*) – ermöglichen
onako – so, auf die Art
opasnost – Gefahr; nalaziti se u opasnosti – sich in Gefahr befinden
oporučno ostaviti, ja oporučno ostavim (*voll.*) – testamentarisch hinterlassen
oprostiti, ja oprostim (*voll.*) – verzeihen
opterećena (f) – belastet

opušteno – entspannt
osim – außer
osjetljiv, osjetljiva, osjetljivo (m/f/n) – sensibel; zimperlich; feinfühlig
osmijeh – Lächeln
osnažiti se, ja se osnažim (*voll.*) – sich bekräftigen
Ostani tu! – Bleib da!
ostaviti, ja ostavim (*voll.*) – hinterlassen
oštećen, oštećena, oštećeno (m/f/n) – geschädigt; beschädigt
oteti, ja otmem (*voll.*) – entreißen, wegschnappen
otkud – woher
otkupiti, ja otkupim (*voll.*) – abkaufen
otplaćivati, ja otplaćujem – abzahlen
otpočetka – von Anfang an
otrčati, ja otrčim (*voll.*) – weglaufen, ablaufen, flitzen
oveći (m) – mehr groß als klein, mittelgroß
ozbiljan, ozbiljna, ozbiljno (m/f/n) – ernsthaft

P

pajcek (*umgs., dial.*) – Schwein
pamet – Vernunft, Intellekt; pasti na pamet – einfallen; nemati ništa na pameti osim – nichts im Sinn haben außer
pametniji popušta (*Sprichwort*) – der Klügere lässt nach
pare (*umgs., Bos.*) – Geld
parenje – Paarung
pariti se, ja se parim – sich paaren (Tiere)
parnjak – Deckungshund

pas (Pl. psi) – Hund
paziti na nekoga kao na zjenicu oka svoga (*Phrase*) – j-n. wie eigenen Augapfel hüten
paziti, ja pazim – achten, aufpassen; paziti, ja pazim na nekoga – Acht geben auf, wachen
pedigre – Pedigree, Ahnentafel (*Hunde*)
pišati, ja pišam (*umgs., vul.*) – urinieren
plaća – Gehalt
plaćanje – Zahlung
plačno dijete – weinendes Kind
pljuniti, ja pljunem – spucken; (*umgs.*) «možeš pljunuti i već si tamo» - das liegt in der unmitelbaren Nähe
pobjedonosno – siegreich
pobrinuti se, ja se pobrinem (*voll.*) – sich kümmern
počešati se, ja se počešem (*voll.*) – sich kratzen
početi, ja počnem (*voll.*) – anfangen, beginnen
podatak (Pl. podaci) – Angabe
podići kredit – Kredit nehmen
podignuti, ja podignem (*voll.*) – heben
podrazumijevati se, ja se podrazumijevam – etwas als selbstverständlich annehmen
podstanarska sobica – ein kleines gemietetes Zimmer
poduzetnički duh – Unternehmensgeist
pogled – Blick
pognuti glavu – den Kopf senken
pogotovo – besonders
pohvala – Lob
pojas – Taille

pojaviti se, ja se pojavim (*voll.*) – erscheinen
pokojni, pokojna, pokojno (m/f/n) – verstorben
pokojnik – Verstorbener
Pokreni se! – Beweg dich!
pokrenuti se, ja se pokrenem (*voll.*) – sich in Bewegung setzen
pokret – Bewegung
pokušavati, ja pokušavam – versuchen
pokvaren (m) – verdorben
pola-pola – halb-halb
polagan, polagana, polagano (m/f/n) – langsam
polet – Elan
položaj – Stellung; Lage
pomirljivo – versöhnlich
pomladiti se, ja se pomladim (*voll.*) – sich verjüngern
ponašanje – Verhalten, Benehmen
ponašati se, ja se ponašam – sich benehmen, sich verhalten
ponuditi, ja ponudim (*voll.*) – anbieten
popeti se, ja se popnem (*voll.*) – klettern, steigen
popustiti, ja popustim (*voll.*) – nachgeben
poražen (m) – besiegt
porijeklo – Abstammung
Pošaljite nekoga! – Schicken Sie jemanden!
poseban pas – ein besonderer Hund
posjećen, posjećena, posjećeno (m/f/n) – besucht
poslušati, ja poslušam (*voll.*) – hören, zuhören
posprdnost – Spott
postaviti se, ja se postavim – eine Stellung nehmen

postaviti zahtjev – einen Antrag stellen
postojan, postojana, postojano (m/f/n) – beständig
posuditi, ja posudim (*voll.*) – borgen, leihen
potrgati, ja potrgam (*voll.*) – kaputt machen
potvrda – Bestätigung
povoljan, povoljan, povoljno (m/f/n) – günstig
povremen, povremena, povremeno (m/f/n) – gelegentlich
povrijeđen, povrijeđena, povrijeđeno (m/f/n) – verletzt
povukle su se – sie haben sich zurück gezogen; Inf. povući se, ja se povučem – sich zurück ziehen
pravac – Richtung
pravedno – gerecht
praviti se, ja se pravim – sich stellen, so tun als ob
pravopis – Rechtschreibung
predati se, ja se predam – sich hingeben; sich ergeben
prednost – Vorteil; biti u prednosti – im Vorteil sein
predomisliti se, ja se predomislim (*voll.*) – sich anders überlegen
preglup (m) – zu dumm
prehrana – Ernährung
prehraniti, ja prehranim (*voll.*) – ernähren
prekinuti, ja prekinem (*voll.*) – unterbinden, unterbrechen
prekipjeti, ja prekipim (*voll.*) – überlaufen; prekipjelo mi je – das hat das Fass zum Überlaufen gebracht, das war zu viel
preplaviti, ja preplavim (*voll.*) – überkommen; überfluten
prepuštati, ja prepuštam – überlassen
prepustiti, ja prepustim (*voll.*) – überlassen

preračunato – umgerechnet
prerasti, ja prerastem (*voll.*) – hinauswachsen; ucjena je prerasla u prkos – Erpressung ging in den Trotz über
Prestanite! – Hören Sie auf!
prevaren, prevarena, prevareno (m/f/n) – betrogen
prevariti, ja prevarim (*voll.*) – betrügen
približavati se, ja se približavam – sich nähern, sich annähern
približiti se, ja se približim (*voll.*) – sich nähern, sich annähern
pričanje – Gerede
pričekati, ja pričekam (*voll.*) – warten, abwarten
pridošlica – Ankömmling
prihvatiti, ja prihvatim (*voll.*) – akzeptieren, annehmen
prijašnji, prijašnja, prijašnje (m/f/n) – ehemalig
prijaviti, ja prijavim (*voll.*) – eine Anzeige erstatten
priječiti, ja priječim – hindern
prijedlog – Vorschlag
prijetiti, ja prijetim – drohen
prikovati – anschlagen, festnageln; to ga je prikovalo na mjestu – das hat ihm den Atem geraubt
prilično – ziemlich
primijetiti, ja primijetim (*voll.*) – wahrnehmen, bemerken
primjećivati, ja primjećujem – wahrnehmen, bemerken
primjer – Beispiel; na primjer – zum Beispiel
pripadati, ja pripadam – gehören
pripadnost – Zug
priroda – Natur

priseban, prisebna, prisebno (m/f/n) – stoisch, gelassen
prisiliti, ja prisilim (*voll.*) – zwingen
prisiljavati, ja prisiljavam – zwingen
privesti kraju – zu Ende bringen
priznati, ja priznam (*voll.*) – zugeben; priznati poraz – eine Niederlage eingestehen
prizor – Anblick, Szene
prkos – Trotz
prljav, prljava, prljavo (m/f/n) – schmutzig
probava – Verdauung
probaviti, ja probavim (*voll.*) – verdauen
probuđena (f) – geweckt
proderati se, ja se proderem (*voll.*) – brüllen
proklet (m) – verdammt
prolaznici (Pl.) – Vorbeigehende
promatrati, ja promatram – beobachten
promjena – Änderung
pronaći, ja pronađem (*voll.*) – finden; pronaći novu zabavu – eine neue Beschäftigung aufsuchen
prošao, prošla, prošlo (m/f/n) – vergangen
prostor – Raum
prvobitan, prvobitna, provobitno (m/f/n) – ursprünglich
pseća hrana – Hundefutter
pseto (*pej.*) – Hund
psić – Hündchen
psovati, ja psujem – schimpfen
pupati, ja pupam – knospen
pusta – leer; iz puste zlovolje – aus lauter Bosheit heraus

Pusti to! – Lass das!

put – Weg; na pola puta – auf den halben Weg

R

račun – Rechnung

računica – Rechnung

radijator – Heizkörper

raditi se o – sich handeln von

radosno – fröhlich

radost – Freude

rasni pas – Rassehund

rasni roditelji – Eltern eines Rassehundes

rasno štene – Welpe von Rassehunden

rasplakati se, ja se rasplačem (*voll.*) – weinen, in Weinen ausbrechen

rasplodni bik – Zuchtbulle

raspraviti, ja raspravim (*voll.*) – ausdiskutieren

rasti, ja rastem – wachsen

razdaljina – Entfernung

razdvojiti, ja razdvojim (*voll.*) – trennen, auseinander bringen

razigran, razigrana, razigrano (m/f/n) – verspielt

razlog – Grund, Ursache

razmažen, razmažena, razmaženo (m/f/n) – verwöhnt

razvijati se, ja se razvijam – sich entwickeln

rečenica – Satz (*Text*)

Recite mu! – Sagen Sie ihm!

remen – Riemen

rijeka – Fluß
rođak – Vetter, Verwandter
ruka – Hand; ići nešto od ruke – in etwas Erfolg haben

S

sam, sama, samo (m/f/n) – allen; selbst
samopouzdanje – Selbstvertrauen, Selbstsicherheit
saplesti se, ja se sapletem (*voll.*) – ungeschickt stolpern
sat vremena – 1 Stunde
savjet – Ratschlag
sažeti, ja sažmem (*voll.*) – zusammenfassen
saznati, ja saznam (*voll.*) – erfahren
scena – Szene
Siđite s klupe! – Kommen Sie runter von der Bank!
silovanje – Vergewaltigung
Siluje me! – Er vergewaltigt mich!
sinuti ideja – eine Idee haben
sišla – (sie ist) runtergekommen; Inf. sići, ja siđem (*voll.*) – herunterkommen; PPA: sišao, sišla, sišlo
sjati, ja sjam (*oder*: sijati, ja sijam) – scheinen
sjediti, ja sjedim – sitzen
skakutati, ja skakućem – hüpfen
skladište – Lager
skočiti sebi (*oder*: skočiti si) u usta – sich selbst eine Falle stellen
skočiti, ja skočim – springen
skok – Sprung; u skoku – in einem Sprung
skoro – fast, beinahe

skotna (f) – trächtig
skrenuti s uma (*umgs.*) – verrückt werden
skroz – völlig
skupiti ramena – Schulter zusammen ziehen
slaže – sie setzt zusammen; Inf. slagati, ja slažem – zusammensetzen
sličan, slična, slično (m/f/n) – ähnlich
slijediti, ja slijedim – folgen
sljedeći (m) – kommend, folgend
sloboda – Freiheit
slomiti, ja slomim (*voll.*) – brechen
slučaj – Fall
smetati, ja smetam – stören
smiješan, smiješna, smiješno (m/f/n) – lustig
smiriti se, ja se smirim (*voll.*) – sich beruhigen
smislu → u pravom smislu riječi – im wahrsten Sinne des Wortes
smjena – Schicht
smjer – Richtung
smjesta – sofort, von der Stelle
smrt – Tod
snaći se, ja se snađem (*voll.*) – zurecht kommen
snaga – Kraft, Energie
snašlo se → Inf. snaći se, ja se snađem (*voll.*) – zurecht kommen; PPA: snašao, snašla, snašlo
snimajući – während des Filmens
snimati, ja snimam – aufnehmen, filmen
snimiti, ja snimim (*voll.*) – aufnehmen, filmen

snimljeno (n) – aufgenommen
spaziti, ja spazim (*voll.*) – erblicken
spol – Geschlecht
spomenik – Denkmal; nadgrobni spomenik – Grabmal
spor, spora, sporo (m/f/n) – langsam
spremno – bereit
spretno – geschickt
sramežljiv, sramežljiva, sramežljivo (m/f/n) – schüchtern
sramota – Schande
srećom – zum Glück
sredstvo – Mittel
stanje – Zustand; tko bi rekao da je on u stanju da... – wer würde denken, dass er imstande ist...
starost – Alter
stav – Einstellung
stavljati nogu pred nogu – sehr langsam gehen, Schritt für Schritt gehen
stisak ruke – Händedruck
strašan, strašna, strašno (m/f/n) – schrecklich
stupiti u akciju – in Aktion treten
stvarno – wirklich
stvorenje – Wesen
sud – Gericht
superiška (*Slang*) = super
svađa – Streit
svađati se, ja se svađam – sich streiten
svadljiv, svadljiva, svadljivo (m/f/n) – streitlustig
svakako – allerdings, auf jeden Fall

sve dok – solange
sveti, sveta, sveto (m/f/n) – heilig
Sveto Nigdarjevo – Sankt-Nimmerleinstag
sviđati se, ja se sviđam – gefallen; njoj se sviđa to – das gefällt ihr
svijet – Welt
svjetlost – Licht
svrha – Sinn, Zweck

Š

šiba – Rute
šipražje – Dickicht
šokiran, šokirana, šokirano (m/f/n) – geschockt
štene (Pl. štenad) – Welpe
šteta – Schaden
štrecnuti se, ja se štrecnem – zusammenschrecken, zusammenziehen
šuma – Wald
šutnuti, ja šutnem (*voll.*) – hintreten

T

tabla – Tafel
takmičenje – Wettbewerb
tanak, tanka, tanko (m/f/n) – dünn
tek – erst
tiče → to se vas uopće ne tiče! – das geht Sie ihnen überhaupt nichts an!
tiče → što se tiče – hinsichtlich

tiče → To me se ne tiče. – Das geht mich nichts an.
tijelo – Körper
tišina – Stille
tjerati se, ja se tjeram – läufig werden (*Hund*)
tješiti, ja tješim – trösten
točnije rečeno – genauer gesagt
toplina – Wärme
trčanje – Laufen
Trči! – Lauf!
tržište – Markt
tužiti, ja tužim – klagen

U

U pomoć! – Hilfe!
U to budite sigurni! – Seien Sie versichert!
ubaciti se u drugu brzinu (*umgs.*) – *wortwörtlich*: in zweiten Gang schalten = einen drauf geben, intensivieren
ubosti, ja ubodem (*voll.*) – stechen; PPA: uboo, ubola, ubolo
učiniti, ja učinim (*voll.*) – machen
ucjena – Erpressung
uglavnom – hauptsächlich, generell, also
ugledati, ja ugledam (*voll.*) – erblicken
ugovor – Vertrag
uho – Ohr
uhvatiti, ja uhvatim (*voll.*) – fangen
ukočiti se, ja se ukočim (*voll.)* – starren, erstarren, sich versteifen

ukrasti, ja ukradem (*voll.*) – stehlen
umjesto – statt
umnožavanje – Vervielfältigung
umrijeti, ja umrem (*voll.*) – sterben
unuk – Enkel
uostalom – übrigens
uplašiti, ja uplašim (*voll.*) – erschrecken
uporno – standhaft, hartnäckig
upotrijebiti, ja upotrijebim (*voll.*) – verwenden
upozoriti, ja upozorim (*voll.*) – warnen
uprava – Verwaltung; uprava groblja – Friedhofsverwaltung
upropastiti, ja upropastim (*voll.*) – ruinieren; verpatzen; kaputt machen
uputiti se, ja se uputim – gehen (zu)
urezivati, ja urezujem – einschnitzen, einritzen; brige se urezuju u lice – Sorgen hinterlassen Spuren im Gesicht
usluga – Gefallen
usmjeriti, ja usmjerim (*voll.*) – lenken
uspjeh – Erfolg
usporeni snimak – slow motion, verlagsamte Wiedergabe eines Films
usporeno – verlangsamt
usprkos – trotz
uticati, ja utičem – beeinflussen
utipkati, ja utipkam (*voll.*) – eintippen
utjecaj – Einfluss
utjeha – Trost

uvrijeđen, uvrijeđena, uvrijeđeno (m/f/n) – beleidigt, gekränkt
uvjereno – überzeugt
uvredljiv, uvredljiva, uvredljivo (m/f/n) – jemand, der sich leicht kränken lässt (*Eingenschaftswort*)
uvrijeđenost – Kränkung, Beleidigtsein
uvučen, uvučena, uvučeno (m/f/n) – entlegen (*Raum*)
uzbuđeno – aufgeregt
uzbuditi se, ja se uzbudim (*voll.*) – aufregen, in Aufregung bringen, in Aufruhr versetzen
uzdahnuti, ja uzdahnem (*voll.*) – seufzen
uzica – Leine
užitak – Wonne, Freude
uznos – Rausch, Verzückung, Schwung
uzvratiti, ja uzvratim (*voll.*) – erwidern; uzvratiti istom mjerom – mit gleicher Münze heimzahlen

V

valjanje po zemlji – Walzen auf dem Boden
valjati se, ja se valjam – sich walzen
valjda → Ne mislite to valjda ozbiljno? – Das meinen Sie nicht ernst, oder?
valjda – wahrscheinlich; doch
vanbračno dijete – uneheliches Kind
varati, ja varam – betrügen
velikodušan, velikodušna, velikodušno (m/f/n) – großzügig
veza – Bindung; imati vezu s – eine Beziehung haben mit
vic (Pl. vicevi) – Witz

vidokrug – Blickfeld
vika – Schrei
viknuti, ja viknem (*voll.*) – schreien, einen Schrei ausstoßen
vizitkartica (*umgs.*) = vizitkarta – Visitenkarte
vjenčanje – Hochzeit
vjerovati, ja vjerujem – glauben; denken
vlasnica – Besitzerin
vlasnik – Besitzer
voditi ljubav – Liebe machen
vrag – Teufel
vraški momak (*umgs.*) – Teufelskerl
Vrati se! – Komm zurück!
vratiti, ja vratim (*voll.*) – zurück geben
vrijedan, vrijedna, vrijedno (m/f/n) – wertvoll; fleißig;
vrijedan življenja – lebenswert
vrijeđati, ja vrijeđam – beleidigen, kränken
vrijednost – Wert
Vučete! – Sie ziehen!
vući, ja vučem – ziehen
vukući – schleppend, ziehend

Z

zabavljati se, ja se zabavljam – sich amüsieren; sich beschäftigen
zabavljen, zabavljena, zabavljeno (m/f/n) – beschäftigt
zabava – Beschäftigung; Fest, Party, Feier
zabranjeno za pse – Hundeverbot

zadržati, ja zadržim (*voll.*) – behalten
zahtijevati, ja zahtijevam – verlangen
zaigran, zaigrana, zaigrano (m/f/n) – verspielt
zaključak – Schluß, Beschluss, Entschluss; doći do zaključka – zum Schluss kommen
zaključiti, ja zaključim (*voll.*) – abschließen; zaključiti ugovor – einen Vertrag abschließen
zamijeniti, ja zamijenim (*voll.*) – umtauschen, austauschen
zanimacija – Beschäftigung
zanio se → zanijeti se, ja se zanesem (*voll.*) – verzücken, mitreißen; PPA: zanio, zanijela, zanijelo
zanos – Rausch, Schwung, Begeisterung
zanovijetati, ja zanovijetam – nörgeln
zaposlenje (*Bos.*) – Job, Beruf
zaprepašteno – bestürzt, entsetzt
zaraditi, ja zaradim (*voll.*) – verdienen
zarađivati, ja zarađujem – verdienen
zaslužiti, ja zaslužim (*voll.*) – verdienen; zaslužiti kaznu – eine Strafe verdienen
zastati, ja zastanem (*voll.*) – anhalten, innehalten
zatečen (m) – ertappt
zateturati se, ja se zateturam (*voll.*) – torkeln
zaustaviti, ja zaustavim (*voll.*) – anhalten
zavijati, ja zavijam – heulen
zavladati, ja zavladam (*voll.*) – herrschen; zavladala je tišina – die Stille hat sich bemächtigt
završavati, ja završavam – abschließen
zažaliti, ja zažalim (*voll.*) – bereuen

zbilja – wirklich
zbunjen, zbunjena, zbunjeno (m/f/n) – verwirrt
zdrav, zdrava, zdravo (m/f/n) – gesund
zemlja – Boden, Erde
zemljak – Landsmann
zid – Wand
zjenica – Augenstern; paziti na nekoga kao na zjenicu oka svoga (*Phrase*) – j-n. wie eigenen Augapfel hüten
zlovolja – Unmut, Missstimmung, Missmut, Bosheit; iz puste zlovolje – aus lauter Bosheit heraus
zmazano (n) *umgs.* – schmutzig
znači, ja značim – bedeuten
znatiželjan, znatiželjna, znatiželjno (m/f/n) – neugierig

Ž

žaoka – Stachel
želudac – Magen; Inst.:sa želucem – mit dem Magen
žigolo – Gigolo
živac (Pl. živci) – Nerv; izgubiti živce – Nerven verlieren
živnuti, ja živnem – beleben, aufblühen
žurba – Eile

MINI-ROMANE

Sprachniveau 0: Leichter Anfang – Vokabelumfang bis 400 Wörter (A1 Anfänger)

A. Bilić: Meine Fernbeziehung / Moja daleka ljubav
Taschenbuch, E-Book, Hörbuch, interaktives E-Book mit Hörtexten

A. Bilić: Die silberne Lampe / Srebrna lampa
Taschenbuch, E-Book, Hörbuch, interaktives E-Book mit Hörtexten

A. Bilić: Die steinerne Vase / Kamena vaza
Taschenbuch, E-Book, Hörbuch, interaktives E-Book mit Hörtexten

Sprachniveau 1: Beginner – Vokabelumfang bis 800 Wörter (A1 – A2)

A. Bilić: Die außergewöhnliche Herausforderung / Izuzetni izazov
Taschenbuch, E-Book, Hörbuch, interaktives E-Book mit Hörtexten

A. Bilić: Die kleine große Entscheidung / Mala velika odluka
Taschenbuch, E-Book

A. Bilić: Eine definitive Sache / Definitivna stvar
Taschenbuch, E-Book

Sprachniveau 2: Fortgeschrittene – Vokabelumfang bis 1200 Wörter (A2)

A. Bilić: Neben mir / Kraj mene
Taschenbuch, E-Book, Hörbuch, interaktives E-Book mit Hörtexten

A. Bilić: Der Unbekannte / Neznanac
Taschenbuch, E-Book

Sprachniveau 3: Erfahrene – Vokabelumfang bis 1700 Wörter (B1)

A. Bilić: Ein Sommerurlaub in Istrien / Ljetovanje u Istri
Taschenbuch, E-Book, Hörbuch, interaktives E-Book mit Hörtexten

A. Bilić: Die Freundinnen / Prijateljice
Taschenbuch, E-Book

A. Bilić: Die Abreise / Odlazak
Taschenbuch, E-Book

Sprachniveau 4: Perfektion – Vokabelumfang bis 2200 Wörter (B2)

A. Bilić: Mein Name ist Monika – 1. Teil / Moje ime je Monika – 1. dio
Taschenbuch, E-Book

A. Bilić: Mein Name ist Monika – 2. Teil / Moje ime je Monika – 2. dio
Taschenbuch, E-Book

A. Bilić: Mein Name ist Monika – 3. Teil / Moje ime je Monika – 3. dio
Taschenbuch, E-Book

Sprachniveau 5: Perfektion Plus – Vokabelumfang bis 2800 Wörter (C1)

A. Bilić: Die Begegnung / Susret
Taschenbuch, E-Book

A. Bilić: Die Verabredung / Sastanak
Taschenbuch, E-Book

Sprachniveau 6: Erstsprache – Vokabelumfang bis 3500 Wörter (C2)

A. Bilić: Der Besuch / Posjet
Taschenbuch, E-Book

A. Bilić: Ein interessantes Motiv / Interesantan motiv
Taschenbuch, E-Book

Standardliteratur ohne Vokabelteil

A. Bilić: Ulica snova – fantastične priče
Taschenbuch, E-Book

A. Bilić: O jasnoći i drugim zabludama - pjesme
Taschenbuch, E-Book

Snježana (Ana) Bilić: Život s voluharicama
Taschenbuch, E-Book

Snježana (Ana) Bilić: Knjiga o Takama
Taschenbuch, E-Book

Besuchen Sie uns auch im Internet unter

www.kroatisch-leicht.com

und erfahren Sie mehr über weiteres Lern- und Lesematerial. Es werden laufend neue Bücher und digitale Medien veröffentlicht